こんなに損してる!

もったいない112の習慣

ホームライフ取材班〔編〕

青春新書
PLAYBOOKS

じつはそれ、「もったいない習慣」かも！

「もったいない」精神は、日本が世界に誇る文化。しかし、日ごろ、多くの人が何気なくやっている習慣のなかには、「ああ、もったいない……」と言わざるを得ないものがたくさんある。例えば、次のようなよくある行動だ。

エアコンの冷風が直接当たるように、風を下向きにする。タオルをふわふわにしようとして、柔軟剤で洗う。切れた乾電池はすぐに捨てる。みどりの窓口で新幹線の切符を買う。コーヒーは袋を輪ゴムでくくって冷蔵庫で保存する。近所のスーパーに車で買い物に行く。ティッシュペーパーは値段が安いものを買う……。

こうした良かれと思っての行動は、かえって高い買い物につながったり、電気代が余計にかかったり、劣化が進んで買い替えが早くなったりしてしまう。

本書では、じつはダメな節約術や買い物の仕方、食べ方、身近なモノの使い方といった「もったいない習慣」の間違いを解き明かし、正しい方法を提案している。ぜひ、この一冊を手元に置いて、「得する習慣」を身につけてほしい。

もったいない112の習慣

その習慣、本当にもったいない！

その節約術はムダで逆効果！

わざわざ高い買い物するなんて！

ちょっと待った！まだ使える！

そのやり方では劣化が進む！

もっと節電できるのに！

もっと節水・節ガスできるのに！

その食べ方ではもったいない!

その保存の仕方ではすぐ傷む!

利用できるから、捨てちゃダメ！

車や電車で損してしまう！

そのお金の管理は大間違い！

その習慣、
本当にもったいない！

財布に優しく、
節約できると思って、
心がけているその習慣。
じつは効果がないだけでなく、
逆にもったいないなんて！

水道のレバー

レバーを真ん中で使う

ひとつのレバーを左右に切り替えられるシングルレバー混合水栓。右に回せば冷たい水が出て、左に回せば温かいお湯が出る。このシングルレバーで水だけを出したい場合、レバーをどの位置で使っているだろうか。真ん中よりも右側なら水だけが出るので、やや右寄りで使うという人は、そのたびにガス代を無駄に損している。

驚くほど多くの人がカン違いしているのだが、じつはシングルレバーで水だけが出るのは、レバーが右端にあるときのみ。少しでも左に動くと給湯器が作動し、お湯が混じるようになるのだ。

東京都地球温暖化防止活動推進センターが２０１４年、水とお湯が切り替わるレバーの位置についてアンケートを取ったところ、64・5％の人が真ん中だと回答。16％の人にいたっては、レバーを左端まで回して、やっとお湯が出るようになると信じていた。レバーを右端にして正しく使っているのはわずか19・5％。５人中４人もが、ひどい誤解をしていたのだ。

　これから水だけを使いたいときは、必ずレバーを右端に寄せて使うようにしよう。とはいえ、レバーはけっこう動きやすいものだ。右端にしているつもりでも、やや左に回っており、知らないうちに給湯器が作動することもあり得る。こうした失敗をしそうな人は、水しか使わないとわかっている場合、給湯器の操作パネルの電源ボタンをオフにしておこう。これで、レバーはどの位置にあっても水しか出ない。

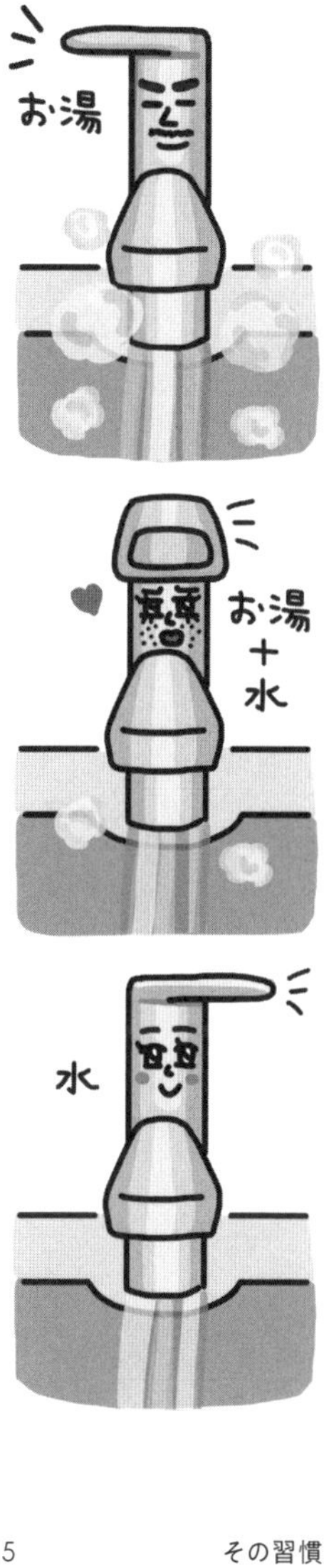

水しか出ないのは右端だけ！ それ以外は給湯器が作動

レースのカーテン

漂白剤を使って洗濯して真っ白に

ずっと吊るしっぱなしで、うっすらと汚れてしまった白いレースのカーテン。漂白剤を使えば、買ったばかりのような真っ白い状態に戻るのでは？　こう思うかもしれないが、絶対に実行してはいけない。

レースのカーテンは近年、ポリエステル製が多くなったが、模様の部分にレーヨンの糸を加えているものが少なくない。手入れをするうえで問題となるのは、このレーヨンが施されている部分だ。

レーヨンは、木材などに含まれるセルロースを化学的に処理し、絹の風合いに似せて作られた再生繊維。強い光沢があり、染色しやすいといった利点を持つ一方、天然繊維と比べると分子結合が強固でない、という大きな弱点がある。

レースのカーテンに使われたレーヨンは、来る日も来る日も窓に吊るされっぱなしで、太陽光線に含まれる紫外線を受け続けなければならない。その刺激によって、だんだん繊維はもろくなる。こうしたカーテンを、漂白剤を使って洗うとどうなるか。劣化したレーヨンの部分だけ、見る見るうちにボロボロになってしまうのだ。こうなると、もう買い替えるしかない。

汚れたカーテンをきれいにしたい場合は、必ず洗濯表示をチェックすることが肝心だ。レーヨンは水に弱く、洗濯すると縮みやすいことから、たとえ漂白剤を使わなくても、自宅では洗濯できない場合がある。家庭での洗濯はNGという表示があるのなら、クリーニングに出すようにしよう。

漂白剤は、一般的な衣類に使うときも注意が必要だ。襟元や袖口が黄ばんだシャツなどは、漂白剤を使って真っ白にしたいかもしれないが、できるだけやめておいたほうがいい。強い刺激によって繊維がダメージを受け、シャツが早く傷んでしまう可能性がある。黄ばみは酸化した皮脂なので、40～50℃の湯で洗うと分解されやすい。漂白剤は最後の手段と考え、まずはこの方法を試してみよう。

ボロボロになって、買い替えるハメになる！

羽毛布団

起床後、ベッドの上でそのままに

眠っている間、人はかなりの汗をかく。その汗は布団にこもってしまうので、起床したら、掛け布団をめくっておくことが大切だ。こうすると、汗は次第に蒸発するので、布団はきれいなままで保たれる。

この手入れ方法を実践している人は多いだろう。しかし、羽毛布団を使っているのなら、これだけで安心してはいけない。もうひと手間かけないと、少しずつ劣化していき、羽毛布団ならではの特徴を早く失ってしまう。

羽毛布団の内部はふかふかで、空気をたっぷり含んでいる。眠っている間、このなかに汗が入り込んだらどうなるか。布団をめくれば水分は蒸発するが、汗に含まれていた塩分や油脂などは消えない。これらの汚れが羽毛にくっついて、イヤな黄ばみの原因になったり、ふかふか感がなくなったりしてしまうのだ。

羽毛布団の劣化を抑えるには、内部に入り込んだ汗を外に追い出さなくてはいけない。やり方は簡単で、朝起きたら、羽毛布団を丸めて体重をかけてみよう。このひと手間で、良好な状態を長くキープすることができる。

重要なポイントなのは、このとき、羽毛布団を決して乱暴に扱わないことだ。優しく丸めて、ゆっくり体重をかけるようにしないと、羽毛が傷んで、かえって劣化が進んでしまう。また、毎日行うと羽毛に対する負担が大きくなるので、週に1回程度でいいだろう。

丸めて押して、汚れた汗を追い出せば長持ちする

ドライヤー

風量を「弱」にして節電する

ドライヤーはエアコンのように長時間使う電化製品ではないが、その割には電気代が意外にかかる。そこで、できるだけ節電しようと、髪を洗った風呂あがり、風量を「弱」にして使っている人はいないだろうか。けれども、そのやり方は逆効果なのでやめたほうがいい。

風量を「弱」にすると、「強」で風を送る場合よりも、確かに電気代は少々安くなる。しかし、髪が乾くまでに時間が長くかかってしまう。このため、「強」の風量で一気に乾かす場合と比べると、かえって電気代がかかる可能性が高いのだ。

ドライヤーを使う時間を抑えると、熱風が髪や頭皮に与えるダメージも少なくなるので一石二鳥。節電からも健康面からも、風量は「強」にするのが正解だ。

時間がかかって電気代が無駄！「強」で素早く乾かす

温泉卵

殻に白身が残ることが多い

温泉卵を自宅で作ってみた。ゆで加減は合格点だったが、割った殻の内側に白身がくっつき、なかなか取り出せない。もったいないけど、白身が少々残ったまま、殻を捨ててしまった……。こんなもったいないことは、もうやめにしよう。

温泉卵をきれいに割るにはコツがある。とはいえ、すこぶる簡単だ。温泉卵を指で包むようにしっかり持ち、ぶんぶん振り回すだけでいい。5秒前後もやれば十分だ。こうすると、白身が殻の内側からはがれて、殻を割ると中身がすぽんと出てくる。白身がくっついて、残念な思いをすることはない。

じつは、全国展開している大手外食チェーンでも、この方法をアルバイトに教えているとか。ぜひ、試してみよう。

割る前にぶんぶん振り回すと、全部食べられる

バスタオル

柔軟剤を使って、ふかふかに

バスタオルは繰り返し使ううちに、生地がゴワゴワになっていく。これを防ぐには柔軟剤を使うのが効果的なように思える。洗剤だけで洗うのとは違い、ふかふかに仕上がって、肌触りはかなり良くなるだろう。けれども、その一方で、最も重要な吸水性が低下してしまうのでＮＧだ。

柔軟剤の主成分である界面活性剤の分子は、水に溶けやすい部分と溶けにくい部分が合体した、ちょうどマッチ棒のような形状をしている。マッチ棒の「頭」が水に溶けやすい部分で、「軸」が溶けにくい部分だ。

「頭」の部分は、水の中でプラスイオンの電気を帯びる。一方、綿などの繊維の表面はマイナスイオン。プラスとマイナスは引きつけ合うので、柔軟剤の「頭」の部分は繊維の表面に吸着される。この結果、繊維の外側には、水に溶けにくい「軸」の部分がずらりと並ぶことになる。

薄い油の膜でコーティングされたようなものなので、手触りのいいスベスベした感じに仕上がるわけだ。だが、表面に油の膜ができるということは、当然、水を吸いにくくなってしまう。柔軟剤を使うと良くないのはこのためだ。バスタオルは肌触りよりも吸水性のほうが大事なので、通常のように洗濯用の洗剤だけで洗おう。

干す前にはバッサバッサと、大きく何度も振ってみよう。こうすると繊維が伸びるので、柔軟剤を使わなくても、ふかふかした仕上がりになりやすい。

ふかふかにはなるが、肝心の吸水力が落ちる！

ゆで卵

かぶる程度の水でゆでる

ゆで卵を作るときは、卵がかぶる程度の少なめの水でゆでると、節水になり、早く沸くことからガス代や電気代の節約にもなる。多くの人がやっているこのやり方は、もちろん、間違いではない。しかし、ゆで卵の仕上がりは同じで、もっと節約できる方法がある。

じつは通常の方法より、水をもっと減らしても卵はゆであがる。卵が半分程度隠れる程度の水を入れ、ふたをしてゆでて、4～5分で火をストップ。そのまま蒸して、4分程度で取り出せば半熟、8分程度入れておくと固まったゆで卵ができあがる。水が少ないことから、一般的なゆで方よりもずっと早く沸騰し、ガス代やIHクッキングヒーター代を3分の1程度に抑えることができるのだ。ぜひ試してみよう。

半分つかる程度の水でゆでれば、ぐっとガスの節約に

卵のカラザ

ドロッとして気持ち悪いから捨てる

卵白とは微妙に違う、白いヒモのようなカラザ。「ヒヨコの目」ともいわれる部分で、何だか気持ち悪いからと、箸でつまんで取り除く人がいる。だが、これは卵白がよじれてできた部分で、たんぱく質のかたまりのようなもの。栄養満点なのに加えて、高い免疫効果が期待できるので捨ててはいけない。

カラザの有効成分は、出産後すぐの母乳（初乳）にも含まれているシアル酸。重要な免疫成分で、近年、インフルエンザウイルスの増殖防止にも効果があると注目されている。卵をまるごと食べるだけで、この貴重なシアル酸を簡単に摂取できるわけだ。

シアル酸は高級中国料理である燕《つばめ》の巣のスープにも多いが、もちろん卵のほうが摂取は手軽。ほかにはタラコやシシャモなどにも豊富に含まれている。

初乳にも含まれるスーパー免疫成分が！

ネギ

ヌルヌルは気持ち悪いから捨てる

長ネギの青い部分を切ると、ドロッとした変なものが出てくる。「ヌル」とも呼ばれるこの部分は、どうも食べる気がしないと、多くの場合、捨てられるのではないだろうか。しかし、次からはぜひ食べるようにしよう。

このヌルヌルしたものの正体は、多糖類が集まった水溶性食物繊維の一種で、近年、注目すべき働きのあることがわかってきた。ガン細胞を攻撃するナチュラルキラー細胞や、ウイルスや細菌を撃退するマクロファージを活性化し、免疫力がアップするというのだ。

こうした健康に有効な部分をあっさり捨てるのはどうか。細かく刻んで味噌汁に混ぜたり、炒め物に加えたりして活用しよう。

免疫力を活性化するので捨てちゃダメ！

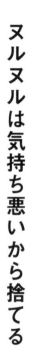

ホウレン草

湯でゆでて、お浸しを作る

小松菜や菜の花、三つ葉、春菊など、青菜のお浸しを作る場合、熱湯でゆでるのが一般的だ。しかし、この調理法には、じつにもったいない欠点がある。生の青菜に含まれているビタミンCが、ゆでるうちに流出してしまうのだ。

栄養面を考えると、青菜はゆでるのではなく、電子レンジでチンしたほうがいい。ビタミンCを失うことなく摂取でき、しかも調理の時短にもなるので、これからは電子レンジを利用しよう。

ただし、ホウレン草だけは要注意。エグミのもとであるシュウ酸は、加熱しただけではなくならない。電子レンジで火を通したあと、水に取ってあく抜きをするというもうひと手間が必要だ。

レンジでチンすると、ビタミンCをまるごと摂取

ジャガイモ

手早くレンジでチンする

　ポテトサラダを作るとき、ジャガイモの加熱の仕方として、「ゆでる」「電子レンジでチン」の2つがある。レンジでチンは、手早くできるのがメリットだ。しかし、時短に貢献する一方で、肝心の味は損なってしまうことを覚えておきたい。

　加熱したジャガイモがほんのり甘く、ほくほくしているのは、でんぷんがアミラーゼという酵素によって分解され、糖に変化するからだ。アミラーゼがよく働くのは、30℃～65℃の間。この温度帯をゆっくり通過することによって、ジャガイモは次第に甘くなっていく。アミラーゼが効果的に働くように10分間加熱すると、糖は2倍以上に増えるというから、この化学変化を調理に活かさない手はない。

　ところがレンジでチンした場合、常温から温度は一気に上昇し、ゆでる場合とは比較にならない短時間で加熱される。この結果、アミラーゼがよく働かないまま、ジャガイモに火が通ってしまうのだ。当然、でんぷんから糖に変化する量は少なく、ポテトサラダは甘みの薄い味気ないものになる。

アミラーゼを十分働かせるには、水から弱火でじっくりゆでて、活性化する温度帯をゆっくり通過させるのが正解だ。皮をむいてゆでると、水溶性のビタミンCが流出してしまうので、皮つきで鍋に投入するようにしよう。ジャガイモのほかに、でんぷんの多いサツマイモやカボチャなどもこうした調理法が適している。

では、糖をさらに増やして甘くするため、火加減を調節して、アミラーゼの働く時間帯をもっと長くしてみてはどうか。こう考える人がいるかもしれないが、やめておいたほうがいい。

じつは50℃〜60℃の温度帯では、ペクチンメチルエステラーゼという別の酵素が活発に働き、その作用によって細胞の組織が固くなる。火加減を少し誤っただけで、ゴリゴリのまずいポテトサラダになってしまうわけだ。小細工はしないで、少しずつ温度を上昇させるのがいちばんだ。


ゆっくり加熱しないと、でんぷんが糖に変化しない！

ハンドクリーム

古くなったら使えないので捨てる

手肌の荒れが気になる人は、ハンドクリームによる手入れが欠かせない。とはいえ、空気が乾燥している冬場以外はあまり使わない場合、使い切れずに残ってしまうことがあるだろう。こうしたハンドクリームを捨てるのはちょっと待ってほしい。革靴の手入れに使うことができるのだ。

ハンドクリームは人の肌から失われた水分や油分を補うためのもの。靴用のクリームも同じような目的で使われる。人の肌も牛革も、「皮」であることに違いはない。このため、ハンドクリームと靴用のクリームは成分がほぼ同じなのだ。

ハンドクリームを指に取って、靴の表面全体に塗り込み、最後に布で拭き取ればOK。仕上がりは同じなので、専用の靴クリームを買う必要はない。

靴クリームと成分はほぼ同じで、靴磨きに使える

JR乗車券

往復割引を普通に利用する

JRでは片道601km以上なら、「往復割引」が適用されて1割引きになる。ほんの少し距離が足りない場合は、もちろん適用されないが、まあ仕方ないと普通は気にしない。しかし、それで本当にいいのだろうか。

じつは、この往復割引を巧妙に使う裏ワザがある。降車駅をひと駅伸ばして601kmを超えると、距離がより長くなるにもかかわらず、運賃は安くなる場合があるのだ。例えば、東京―神戸間は片道601kmにわずかに足りないが、ひと駅先の西明石までの切符を買うと往復割引の適用となる。これで往復の運賃は2000円近くも安くなるのだ。同じ裏ワザを使うことによって、東京―角館間も1000円以上得をする。

JRで遠出する前には、時刻表で路線の営業キロ数をチェックしてはどうだろう。

ひと駅先まで買うと、往復割引で安くなるかも！

ゆうパック

送り状はいらないから捨てる

宅急便は便利だけど、やはり郵便局（日本郵便）のほうが安心。こう考えて、どこかに荷物を送る際には「ゆうパック」を使う人はまだまだ多い。こうして利用した場合、送り状の控えは必要ないからと、すぐにゴミ箱行きにしてはいないだろうか。しかし、送り先によっては、けっこう損をすることがあるので覚えておこう。

捨てないほうがいいのは、離れて暮らす家族や親戚、身近な知人など、たびたび荷物を送る可能性があるところへの送り状。「同一あて先割引」といって、1年以内に同じ住所に発送された送り状を提示すれば、荷物1個につき60円の割引になるのだ。ほかにも、同じ住所に同じ種類の荷物を複数出す場合の割引や、スマホのアプリを利用する割引などもあるので、日本郵便のホームページで確認してから荷物を出そう。

1年以内に同じ住所に送る場合、割引になる

その節約術はムダで逆効果！

電気代や水道代を節約したい。
買い物を安く抑えたい。
モノは上手に再利用したい。
気持ちはわかるけど、
その習慣はあまりにも逆効果！

冷蔵庫

カーテンをつけて節電する

機種と使い方によっては、年間の電気代が1万円を超えることもあるのが冷蔵庫。こんなに払いたくない、少しでも節電したいという人にとって、とても魅力的なグッズが冷蔵庫カーテンだ。

透明なフィルムを冷蔵庫の大きさに合わせてカットし、粘着テープで貼りつけるだけ。ドアを開けたときに、庫内の冷気が外に出ていきにくいというアイデア商品で、100円ショップでも手に入る。

冷蔵庫の電気代をアップさせるいちばんの理由は、ドアを開けるたびに庫内の温度が上昇し、もとの温度に下げるための電力が必要になることだ。ここから考えれば、冷蔵庫カーテンを使うと、相当な節電になりそうな気がする。しかし、多くの場合、狙いとは違って、電気代を多めに払うハメになるだろう。

じつは、冷蔵庫カーテンにはいくつかの欠点がある。まず、カーテン越しに庫内を見るので、どこにどういった食品が入っているのか、少々わかりづらいことだ。加えて、カーテンが邪魔になって、若干、取り出しにくいと感じる人もいるだろう。

こうしたことにより、食品を出し入れするときに、より多くの時間がかかりやすくなる可能性が高い。その間、冷気が外に出ていくので、通常よりも余分な電力が使われてしまうのだ。

冷蔵庫カーテンにはもうひとつ、無視できない問題点がある。冷気の循環がカーテンによって遮断され、ドアポケットの温度が下がりにくいことだ。ドアポケットには牛乳や卵など、非加熱でも口に入れる食品が保存される。低温になり切らず、これらが傷んでしまうと大変だ。どうしても冷蔵庫カーテンを使いたい場合は、ドアポケットは空にしておくのが無難だろう。

冷蔵庫の節電をしたいのなら、食品を詰め込み過ぎず、ドアの開閉をできるだけ少なくする、といった当たり前の対策のほうが良さそうだ。

逆に電力を使い、卵や牛乳が傷む恐れも

電化製品

安くてお買い得の展示品を購入

電化製品を買う場合、できるだけ価格は抑えたい。最もお得なのは、店内で展示していた製品を買うことだ。こう考えて実行してきた人は、残念ながら、安物買いの銭失いをしてきた可能性がある。

展示品は新品と比べると、価格はぐっと下げられて、相当なお買い得のように思えるかもしれない。しかし、購入を決める前に、展示中に通電していたかどうかは、絶対に確認しよう。通電していた場合、その製品は中古と同じ。店が開いている間、ずっと電源が入ったままならば、相当な長期間使われ続けてきたと考えられる。その分、新品と比べると、トラブルが発生したり、早く故障したりするリスクが高いのだ。価格的には魅力だろうが、おすすめすることはできない。

通電していた場合、トラブルのリスクが高い！

電化製品

壊れるまで大事に使い続ける

冷蔵庫や洗濯機、エアコンなど、電化製品には高価なものが多い。そこで、壊れるまで使わないともったいないからと、古いタイプの機種を使う。残念ながら、こうした人は日々、無駄な出費をし続けている。

近年、電化製品の性能アップは著しい。特に省エネ化は年々、大幅に向上しているのだ。資源エネルギー庁のデータによると、冷蔵庫の場合、最新型は10年前のものと比べて電力消費が約43％も少なくて済む。電気代に換算すれば、年間1万円以上も節約することが可能だ。

ほかの電化製品も同様で、10年前と比べて、テレビは約48％、エアコンは約4％節約できる。電気代を考えると、早めに買い替えるのが結局は得なのだ。

最新型と比べると、電気代が2倍近くもかかる！

蛍光灯

こまめに消して電気代を節約

節電に対する意識がある人は、照明のつけっぱなしは電気代の無駄だと、普段からこまめに消しているだろう。もちろん、この習慣は基本的に正しい。ただし、蛍光灯に限ってはそう簡単ではない

じつは、一般的に普及しているグロースタータ－式蛍光灯は、つけている間よりも、点灯した瞬間のほうが大きな負荷がかかる。平均寿命1万時間の40Wの蛍光灯の場合、1回点灯するたびに30分程度、寿命が短くなるとされている。

こうした蛍光灯の性質から、頻繁につけたり消したりするところには、蛍光灯よりも白熱灯のほうが適している。これに対して、普段、つけっ放しにしておくことが多い場所には、蛍光灯を使っても支障はない。

具体的にいうと、蛍光灯が適しているのはリビングなど、自宅のなかでも長い時間を過ごす場所。一方、トイレや洗面所など、長居をしない場所に蛍光灯を使うと、こ

まめに消すことによって電気代を節約しても、結局、買い替えが早くなって損をする可能性がある、ということになる。

ただし、これらはグロースタータ一式蛍光灯の場合で、近年、主流になってきたインバータ式蛍光灯なら、頻繁につけたり消したりしても問題はない。また、照明をLEDにすれば、蛍光灯と同じ明るさを保っても電気代は安くなるので、交換できるタイプのものは検討してもいいだろう。

寿命が縮まって、買い替えが早くなるタイプも！

未使用時はケーブルを抜いて節電

電化製品は主電源をオフにしても、電源コードがコンセントにつながれている場合、待機電力を消費してしまう。このメカニズムを念頭に置き、デスクトップパソコンも、使い終わってシャットダウンするたびにコードを抜く、あるいは電源タップをオフにしている人はいないだろうか。

節電という観点から見るならば、この習慣には多少の効果があるかもしれない。しかし、わずかな節電に成功する代わりに、新たなパソコンを購入するための出費が必要になる可能性がある。実際、危険を呼び寄せるような習慣なので、次からはやめるようにしよう。

問題となるのは、パソコンに内蔵されている電池だ。通常、その電力が消費されることはない。しかし、電源コードが抜かれて、外部から電力を得られなくなった場合、この内蔵電池が使われるようになる。

内蔵電池には充電機能がないため、電力が使われるほど寿命は短くなっていく。完全に電力がゼロになってしまったら、パソコンに大きな支障が出る。時計機能が正確に働かなくなり、作業の更新時間などを表示できなくなるかもしれない。

それどころか、搭載されたプログラムにトラブルが生じて、動作がおかしくなったり、エラー表示が出たり、最悪の場合、起動できなくなってしまう恐れもある。たかだか小さな内蔵電池のために、パソコンが使えなくなるのだからたまらない。

以上の理由から、デスクトップパソコンの電源コードは差しっぱなしにしておくのが正解だ。コンセントから抜くのは、雷が鳴っているときだけにしよう。この場合、コードを伝わってくる高圧電流を避けるために、つながっているコード類はすべて抜く必要がある。

なお、ノートパソコンの場合、コンセントに接続しっぱなしにしていると、バッテリーが高温になるといった支障が出るので、逆に抜いておいたほうがいい。

内蔵電池が消耗して、大きなトラブルの原因に!

プリンター

コピーの裏紙を再利用して節約

節約と資源保護のために、紙の使用量はできるだけ少なくしたい。そこで、プリンターで印刷するとき、いらなくなった文書やコピーの裏紙を使う。経費削減かつエコな行動として、周りの人にほめられそうだが……。

じつは一般的なレーザープリンターで、裏紙を再利用して印刷するのはNGだ。一度使った紙なので、シワがよったり反ったりしていることが多く、紙詰まりの原因になりやすいからだ。ほかにも、インクの粉がローラーに付着して動作に支障が起こったり、印刷したものに汚れがついたりする、といった具合に裏紙を使うことのデメリットは多い。〝もったいない精神〟を持つことは大事だが、トラブルの原因となる可能性が高く、無駄な出費にもつながるのでやめておこう。

紙詰まりなど、故障の原因になるのでNG！

ビール

お買い得なケース買いをする

ビールはコンビニでも売っているが、ディスカウントストアやインターネット通販で買うほうがお得。1ケースをまとめて買えば、コンビニでの売り値と比べ、350㎖缶の1本当たりが30円ほど安い場合もある。

しかし、ケース買いすると、結局は高くつくことが少なくない。特に自他ともに認める酒好きで、しかも意志が少々弱い人はやめておいたほうがいい。いつでも冷蔵庫で冷えていると、1本のつもりが2本……と飲む量が増えてしまうことがよくある。ビールは飲むたびに買うか、せいぜい6本入りを購入するのが無難だ。

ビールだけではなく、お菓子類も一緒。まとめて買っておくと、つい食べ過ぎてしまいがちなのでやめておこう。

つい飲み過ぎて、結局、高くつくことに…

節水のためにペットボトルを入れておく

東京都水道局の調査によると、一般家庭では消費される水の21％をトイレで使っているという。水道代を考えると節水したいものだが、だからといって、トイレに行くのを我慢するわけにもいかない。

そこで考え出された画期的なアイデアが、水を入れたペットボトルをトイレタンクに沈めておくこと。タンク内に貯まる水が少なくなるので、必然的に、流れる水も抑えられて節水につながるというわけだ。

素晴らしい節水対策だと思えるかもしれないが、決して試してはいけない。レバーを操作して流れる水の量は、そのトイレの性能をもとに計算されている。水量が少なくなると、排泄物やトイレットペーパーが下水道まで流れず、排水管の中で詰まってしまう危険性があるのだ。

徐々に排水が悪くなり、そのたびに通称「スッポン」「パッコン」と呼ばれるラバーカップで対処。しかし、やがて本格的に詰まって、最後には便器から水と汚物があふれてしまう……といった最悪のケースになりかねない。また、水が注入されたときの水流によって、沈めたペットボトルがタンク内で動くと、重要な部品に当たってトラブルが発生し、水が流れっぱなしになる可能性もある。

きちんと流すために、ペットボトルはもちろん、１００円ショップで購入できるトイレ節水グッズなども、極力使わないほうがいいだろう。

排水管が詰まって大惨事になる危険が！

自動車

ガソリン代節約のため、あまり乗らない

車を持っていても、日常的に運転する必要のない場合、月に1回程度しか乗らない人もいるだろう。こうした場合、ガソリン代の節約になるからいいのでは、などと思ってはいないか。しかし、その考えは大きな間違い。ひどいトラブルを発生する可能性があり、大きな出費につながってしまうかもしれない。

まず、タイヤの同じところに荷重がかかり続けるので、タイヤ交換の時期が早くなる。ほかにも、潤滑オイルの回りが悪くなったり、ガソリンが酸化してエンジンがかからなくなったりと、いいことは何もない。機械は定期的に動かさないと、正常な動作をしなくなる。ましてや、車は精密機械の極限のようなマシン。最低でも2週間に1回はエンジンをかけ、月1回はそれなりの距離を走るようにしよう。

定期的に乗らないと、故障の原因に

100円ショップ

お得なので、よく買う

いまどき、日常のちょっとした買い物なら、100円ショップでほとんど済ませることもできる。けれども、もちろん全部の商品がお得というわけではない。売り値は100円均一が基本だが、仕入れ値はそれぞれ違う。このため、すごくお買い得の商品と、意外にそうでもないアイテムが混在しているのは当たり前なのだ。

買っても得をしないことの多い商品の一例は、食べものと飲みもの類。菓子類などは量が少なく、ペットボトルや缶入りドリンクはスーパーやドラッグストアのほうが安いことが多い。節約のつもりで100円ショップを愛用すると、逆に損をするケースもあるわけだ。一方、食料品のなかでも、調味料は100円ショップの少量タイプのほうが使い切りやすい。求める商品によって、上手に買い分けるようにしよう。

食料品とドリンクはコスパが良くないので注意！

歯ブラシ

傷んだ毛先を熱湯につけて復活させる

歯ブラシは1か月も使うと、毛先が広がって、歯垢除去がうまくできなくなってしまう。こうした歯ブラシをもとの状態に戻す裏ワザを知っているだろうか。

毛先を熱湯につけてぐるぐる回し、それから冷水につけるだけ。この簡単な方法で、毛先は一見、買いたてのような状態に復活する。テレビで紹介されたことがあるので、実行している人もいるのではないか。しかし、もう試さないようにしよう。

いったんはもとに戻るが、毛先はすでに傷んでいるので、歯垢除去はうまくできない。歯ブラシの耐熱温度60℃を超える熱湯につけたことによる悪影響も考えられる。そのうえ、毛先が整ったのは一時的な状態で、ほどなくもとの開いた状態に戻ってしまう。毛先が開いたら、無駄な抵抗はしないで、早く買い替えるようにしよう。

毛先は直らず、熱湯につけたことの悪影響も

わざわざ高い買い物するなんて！

買い物上手なつもりなのに、
じつはわざわざ、
お金を余分に払っている !?
そんな気になる NG 習慣を
たっぷり集めてみた。

ティッシュペーパー

値段が安いものを買う

鼻をかんだり、汚れたものを拭いたりと、毎日、何かで使う日用品の代表がティッシュペーパー。スーパーやドラッグストアの売り場に行くと、商品によって価格がかなり違うので、買うときに少々迷ってしまう。

肌ざわりやメーカーなどにこだわりがない場合、結局は値段が決め手になることが多いだろう。しかし、ここにちょっとした落とし穴がある。表示されている値段が安くても、そのティッシュペーパーがお買い得品とは限らないからだ。

自宅にティッシュペーパーの箱入りセットがあるのなら見てみよう。箱に「300枚150組」「360枚180組」「400枚200組」などと表示されているはずだ。組は「W」と表示されていることもある。

じつは、ティッシュペーパーの箱に入っている枚数は統一されておらず、商品によって違う。以前は200組が主流だったが、最近は180組が多くなってきたようだ。

枚数が違うのだから、店頭で表示されている価格を鵜呑みにしてはいけない。
できるだけ安いものを買いたいのなら、電卓で1組当たりの単価を出して比較してみよう。200組198円なら1組当たりでは0・99円、150組178円の場合は1組1・87円ということになる。枚数をチェックしなければ、表示価格の安い178円のものを買いそうだが、じつは実質1・9倍も高いのだ。一見、安いようで、じつはそうでもない商品には要注意だ。

商品によっては1箱の枚数が違うので要チェック！

200組198円
150組178円
どっちがお得?!

トイレットペーパー

値段が安いものを買う

トイレットペーパーも商品ごとにけっこう値段が違う。購入の際にはよく見比べて決めたいものだが、見落としがちな点があることを覚えておこう。

シングルロールの場合、長さは60ｍが一般的だが、なかには55ｍや75ｍなどの商品も販売されているのだ。ダブルロールも同様で、基本は30ｍだが、45ｍのものなどもある。値段を決め手とするのなら、こうした長さと価格を照らし合わせて考え、1ｍ当たりが最安値のものを選ぶようにしよう。

また、トイレットペーパーにはダブルロールとシングルロールがある。ダブルは本来、1回当たりの使用量がシングルの半分でいいはずだが、実際にはもっと長く引き出して使う人が多い。このため、より早く消費されることを頭に入れておこう。

長さが違うので、安いものがお得とは限らない！

毎日、こまめに買い物をする

毎日、新鮮な食材を食べたいからと、日々こまめに買い物に行く人は少なくないだろう。しかし、自分は誘惑に弱い……と自覚しているのなら、買い物に行く回数はちょっと減らしたほうがいい。おいしそうな実演販売、話題の新商品コーナー、お買い得品のワゴンセールといった具合に、スーパーは誘惑の多い場所。その場で急にほしくなって、つい衝動買いしてしまえば、予定外の出費がかさんでしまう。こうした行動の多い人は、ある程度まとめ買いをしたほうが節約につながるはずだ。

ただし、誰もがまとめ買いのほうがいいわけではない。料理がそれほど得意でない人の場合、食材を使い切れず、腐らせてしまう可能性が高いからだ。出費を抑えたいのなら、自分に合った買い物の仕方をするようにしよう。

衝動買いが多い人の場合、無駄な出費が増える！

雨の日の買い物

億劫なので行かない

雨の日は出かけるのが億劫なので、買い物には行かずに、冷蔵庫のありあわせのもので夕食を作る。これは賢い考え方のように思えるかもしれないが、じつにもったいない話だ。たとえ買い物をする予定がなかった場合でも、雨が降ってきたら、喜んで出かけるようにしよう。

雨の日の買い物が億劫なのは誰もが同じで、晴れや曇りの日と比べると、客足がかなり落ちるのは当然だろう。これで困ってしまうのがスーパーだ。売れ残りを防ぐため、客の購買意欲を刺激して早く売り切ろうとする。そのために最も効果的なのが値引き。こうして、雨の日はお買い得ということになる。

スーパーにとって特に、その日のうちに売り切りたい商品は鮮魚や肉、葉物野菜など。こういった傷みやすい商品は、悪天候の日、かなり早い時間から値引きシールが貼られることも少なくない。

このため、値引きがはじまるのはいつものように夕方以降と考え、遅めに買い物に行くと、目当てのものは早めに売れて残っていない、ということもあり得る。よく行くスーパーの値引き方の傾向なども考慮して、いつもよりも早めに買い物に出かけることも考えるようにしよう。

雨の日のなかでも、特に狙い目なのは天候が急激に変わったとき。仕入れた量はいつもと同じなのに、客足は鈍ってしまうので、本気で売りさばく必要があるからだ。これに対して、数日前から雨が降る確率が高いとされていた場合は、スーパーも事前に仕入れを少なくして調整するケースが多いので、雨が降ってもそれほどの値引きはないことがある。

急な悪天候の場合、当日だけではさばき切れないことも少なくない。こうした場合、翌日の午前中も値引きをして対応するスーパーが多い。雨のさなかに出かけるのが面倒なら、翌日の早い時間に買い物に行くのもいいだろう。

客足が鈍るので、当日と翌日午前中は値引きのチャンス！

夕食の買い物

おなかがすいた夕食前に買いに行く

普段、夕食の買い物にはいつ出かけているだろうか。夕方になってからスーパーに行き、すいてきたおなかと相談し、食べたいと思いついた料理の食材を買う。あるいは、仕事帰りに店に立ち寄り、晩のおかずやつまみを調達する。こういった人は多そうだが、相当もったいない買い物をしている、といっていいだろう。

空腹のときに買い物に行った場合、特に強く引きつけられるのが、揚げ物をはじめ、おいしそうな料理がずらりと並んでいる総菜コーナー。おなかがすいているのだから、ああ、食べてみたい……という誘惑に負けてしまうのも無理はない。その結果、買うつもりのなかった総菜類を、つい買い物カゴに入れることになる。

また、空腹時には体が甘いものを欲しがるので、お菓子類やスイーツなどにも手が伸びやすい。こうして余分な買い物に励み、必要なものだけを買う場合と比べると、随分高い出費をしてしまう。

空腹時に多くの買い物をするというのは、じつは人間の体の自然な現象だ。おなかがすいているとき、胃からグレリンという食欲を刺激するホルモンが分泌される。その作用によって、おいしそうなものを見ると、必要以上に「食べたい」と思うようになってしまうのだ。

アメリカの大学で行われた研究によると、空腹のときに買い物に行くと、そうではない人たちに比べて、より多くのものを買うことが判明した。しかも、注目されるのは、その対象が食べものにとどまらなかったことだ。

空腹時には、小さな文房具から大きな電化製品まで、さまざまなものに対する欲求がアップ。実験の対象者にデパートで買い物をしてもらったところ、空腹時には、そうでないときと比べて最大64％もより多くの買い物をしたという。

空腹のとき、できるだけ買い物は控えるのが無難。そうもいかなければ、お菓子類を少々食べて、空腹感をやわらげてから行くのがいいかもしれない。

欲求を高めるホルモンの作用で、余分な買い物を！

防虫

アリの侵入防止に防虫剤を使う

アリはときに、家の中に浸入してくるようになる。そこで侵入経路を探り当て、出入り口と思われる付近に、市販の防虫剤を使う。これは正しい対処の仕方ではあるが、ちょっともったいない。わざわざ防虫剤を買う必要はないからだ。

アリが家の中に入ってこないようにするのは簡単。100円ショップなどでチョークを買ってきて、侵入口と思われるところに線を引いて囲めばいい。たったこれだけで、不思議なことにアリは家に侵入できなくなる。

なぜ、アリはチョークで引かれた線を越えることができないのか。いまのところ、はっきりした理由はわかっていないようだ。とはいえ、こうではないか?という仮説はいくつかあげられている。ひとつは、チョークが主に炭酸カルシウムで作られていることに着目したものだ。炭酸カルシウムはアルカリ性で、アリにとってはかなりの有毒物質。体内に酸性の蟻酸を持っていることから、アルカリ性のチョークを一層避けるのではないか、という考え方もできる。

ただし、ある実験では、アリは強酸性の酢酸も嫌うので、アルカリ性・酸性に関係なく、刺激の強い物質を嫌うのかもしれない。また、アリは触覚が重要な感覚器官なので、これにチョークの粉がつくことを嫌うのではないか、という説もある。

理由はともかく、アリがチョークが嫌うのは間違いない。手軽な方法なので、困っている人は試してみてはどうだろう。

チョークで線を引くだけで、侵入をブロックできる

ペットボトル

近くのコンビニで必要なときに買う

何でも手軽に購入できるコンビニ。なかでもペットボトル入りのドリンクは種類が多く、汗を多くかく季節になると、毎日買う人もいるだろう。熱中症を予防するには良いことだ。けれども、出費の面からは考えものといっていい。

コンビニは何かと便利ではあるものの、価格的には決してお得なわけではない。特にドリンク類については、普通のスーパーのほうがやや安いことが多い。激安ショップや業務用食品を扱うスーパーならなおさらで、ケース買いによって1本当たりの単価はずっと抑えることができる。

手ごろなサイズの500㎖入りペットボトル飲料は、コンビニでは160円前後の値段がついていることが多い。一方、安売りの店でまとめ買いすれば、1本当たり100円足らずで済む。夏の間、毎日1本ずつ飲む場合、3か月で5000〜6000円、2本飲むのであれば1万円以上もお金を浮かせることができるわけだ。

自宅や職場の近くにコンビニ以外の店がないという場合、インターネット通販を利用する手がある。多くの場合、安売りの店と変わらない金額で販売されているので、同程度の節約が可能だ。

同じまとめ買いでも、ビールの場合はつい飲み過ぎてしまう可能性が高く、健康のためにも財布のためにもあまりおすすめはできない。しかし、お茶やスポーツドリンクなら、飲み過ぎる心配はないだろう。

ドリンク類に使うお金をもっと抑えることもできる。2ℓ入りのペットボトルをまとめ買いし、マグボトルなどに移し替えて利用する方法だ。これなら、500㎖入りをまとめ買いするよりも、さらに大きな節約になる。

マグボトルではなく、持ち運びやすい500㎖入りの空のペットボトルに移し替えて飲む人がいるが、これは禁物だ。再利用したペットボトルには細菌が発生しやすく、食中毒の原因になってしまう。

激安スーパーでまとめ買いすれば安くあがる

電化製品

出たばかりの最新モデルを買う

デザインが変わったり、新しい機能が追加されたりと、電化製品の新商品は魅力的だ。とはいえ、発表されたばかりの時期は価格が高く、人気があることから販売員との値引き交渉も難しい。

それでもほしい、という熱心な家電ファンはいるだろうが、その一方で、そこそこの性能があれば安いほうがいい、というタイプの人たちも多いはずだ。こういった、ある意味ごく普通の消費者の場合、値段の張る最新モデルを買う必要はない。いますぐに買わなくてもいい場合、チェックすべきなのは型落ちの商品だ。

電化製品は多くの場合、毎年決まった時期に新商品が発売される。その入れ替え時期になると、型落ちとなる旧商品の値段が一気にダウン。新商品と比べて、ときには6割程度まで下がるケースもある。

新旧の商品の違いは、フルモデルチェンジでない限り、デザインや機能面での小さな違いしかない。絶対に最新式がほしい、というわけではないのなら、こうした型落ち商品を狙わない手はないだろう。

新商品が発売される時期は、商品のジャンルによって大分異なる。例えば冷蔵庫の場合は主に8月から9月、縦型洗濯機なら6月から7月、ドラム式洗濯機は8月から9月に新商品が発売されることが多い。その前後の時期、型落ち商品の値段が下がってお買い得になるわけだ。

テレビやパソコン、レコーダーなどについては、新商品の発売が年1回きりではなく数回ある。当然、型落ち製品を安く購入できる時期も多くなるので、いつごろがお買い得なのか、家電量販店の販売員に聞いてみよう。

こうした新商品発売時期については、メーカーによってかなり異なる場合がある。買いに出かける前に、公式ホームページや商品情報が多く掲載されている雑誌などで確認するといいだろう。

入れ替え時期、型落ち商品がぐっと安くなる！

エアコン

シーズン直前にあわてて買う

エアコンは夏と冬のシーズン直前、あわてて買いに走る人もいるだろう。だが、それでは最も需要があって、値段も張る時期に買い物をすることになる。エアコンを安く買いたい場合も、基本的には型落ち商品を狙うのがいい。ただし、注意しておきたいのは、短期間に集中して新商品が販売されるわけではないことだ。

メーカーによって違いはあるが、多くの場合、10月ごろに最もグレードの高い商品が先陣を切り、次いで中程度の商品が続き、4月ごろに廉価モデルが発売される。この流れから、最上位モデルは秋、中級モデルは年明けから3月ごろ、廉価モデルは4月ごろが型落ち商品のお買い得になる。季節商品のため、同じ商品ならシーズンの終わりに近づくほど値下がりする傾向があるので、この点も要チェックだ。

高い買い物になるので、やはり型落ちを狙う

ちょっと待った！！
まだ使える！

もう使えない。そろそろ寿命だと、
あっさりゴミ箱行き。
でも、本当にそれでいい？
まだまだ使えるのなら、
もったいなさ過ぎる！

乾電池

電池が切れたら、入れ替える

充電式のニッケル水素電池の場合、「電池が切れた」状態になっても大丈夫。充電すれば、再び使えるようになる。しかし、一般的な乾電池の場合、使えなくなったら復活できないので、もう捨てるしかない……こう思ってはいないだろうか。

乾電池が「切れた」状態になった場合も、すぐに捨てないほうがいい。一見、もう使えないように見えても、じつはそうではないことが多いからだ。

切れかかった乾電池を復活させる方法は、びっくりするほど簡単。手の中に握るだけでいいのだ。3分間ほどその状態を保つと、乾電池に手のぬくもりが伝わって、再び使えるようになる。

新品のときのような強いパワーは望めないが、それほど高い電圧を必要としない機器なら問題ない。テレビやエアコンのリモコン、置き時計などにセットすると、それから半月以上、動かせることもある。

乾電池の内部には、プラス極の銅板とマイナス極の亜鉛板があり、ふたつをつなげることによって化学反応が起こり、電気が発生する。乾電池を長く使っていると、この化学反応が起こりにくくなる。こうした状態になっても、乾電池を温めると化学反応が再び活性化し、復活するというわけだ。

息を吹き返した乾電池を再び使う前には、両極の端子をよく拭こう。端子の表面にある酸化してできた薄い膜や皮脂などが取れるので、電気がより流れやすくなる。

手で包んで温めるだけで、簡単に復活する

揚げ油

粘り気が出たので、もう再利用しない

揚げ物を作ったら、油はオイルポットに保存し、継ぎ足しながら何度か使うのが一般的な方法だ。油に粘り気が出たり黒ずんだりしたら、取り換え時期になったと捨てることになる。

しかし、ちょっと劣化したからといって、すぐに捨てるのはもったいない。ジャガイモ料理を作ったとき、その皮を使って、古い油をよみがえらせてみよう。

復活させる方法は、ジャガイモの皮を素揚げするだけ。これで油はさらりとして、使いはじめのときの状態に近くなる。働いてくれるのは、ジャガイモの皮にたっぷり含まれている食物繊維。素揚げするうちに、古い油に溶け込んだ不純物が吸着し、油がきれいになっていく。油跳ねしないように、皮の水分を拭いてから試してみよう。

ジャガイモの皮を素揚げすると、古い油が復活する！

油性ペン

かすれてきたら、そろそろ捨てどき

油性ペンは長く使っているうちにかすれてしまう。ついキャップをつけ忘れていれば、なおさら書けなくなる。高価な文房具ではないので、簡単に捨てようとする人が多いだろうが、その前にあることを試してみよう。

外したキャップを逆さにし、マニキュアの除光液を少し入れる。そして、ペンを差し込んで、10分程度、ペン先を下にした状態を保つ。こうすると、除光液に含まれているアセトンという成分によって、固まっていたインクが溶けて、濃い線が書けるようになる。キャップに溜めた除光液にはインクが溶けているので、衣服にこぼさないように注意して捨てよう。除光液にはアセトンが含まれていないものもあり、このタイプではインクが溶けないので、試す前に成分表示をチェックしよう。

除光液にペン先を浸せば、インクが溶けて復活する！

ボールペン

書けなくなったら、新しいものを買う

ボールペンを使っていて、インクはまだ十分残っているのに、うまく書けなくなったことはないだろうか。ペン先に何かトラブルがあったのか、それともインクに問題が生じたのか、とにかく線がかすれてしまう。

こうした場合、もう使えないのならと、あきらめて捨てて、新しいものを購入するのがごく普通。とはいえ、復活させられる手があるのなら、何とか試してみたいと思うのではないか。

まずやってみたいのは、ペン先の掃除だ。ペン先にほこりや紙の繊維、固まったインクなどが詰まっていただけの場合、ティッシュペーパーなどで丁寧に拭くことによってきれいになり、復活する可能性がある。

掃除をしてもだめなら、次の手を試そう。ティッシュペーパーを数枚重ねて、そのうえでボールペンを動かして書いてみるのだ。

ノートに使われている紙やプリンター用紙と比べると、ティッシュペーパーは繊維が軟らかく、ペン先がよくからまる。この結果、ボール部分により力が加わって、回転しやすくなり、書けるようになる場合がある。ボールペンを強く押しつけないで、ゆっくり動かすのがコツだ。

ペン先を手で包んだり、ドライヤーの温風を当てたりして、インクを温める方法もある。インクがペン先で固まり、ボール部分の動きを邪魔している場合、この方法で改善するかもしれない。ただし、いまの商品はペン先が改善されて、先端でインクが固まりにくくなっているので、直る可能性は低そうではある。

ボールペンのメーカーのなかには、残念ながら、書けなくなったボールペンを直す方法はない、としているところもあるが、ここで紹介する方法は試してみる価値がある。買い替える前に、やれるだけのことはやってみよう。再び書けるようになったら、儲けものだ。

ペン先の掃除や、ボール部分の改善などにトライを！

歯磨き粉

しぼっても出なくなったら捨てる

数日前から、残り少なくなってきた歯磨き粉。今朝はとうとう、思いっ切りしぼっても出てこなくなった。まあ、ここまでしぼり切ったからしょうがないと、ゴミ箱にポイッ……と捨ててはいけない。

その歯磨き粉はまだまだ使える。チューブの端っこをつまみ、ぶん、ぶん、ぶん、と何回か強く振ってみよう。ちょうど、その昔は一般的に使われていた水銀体温計を振って、温度を下げるときの要領だ。こうすると、残っていた歯磨き粉が反対方向に押し出されて、あと4~5回程度は使えるようになる。

歯磨き粉に限らず、チューブに入っているものの多くはこの方法でOK。ワサビや辛子、マヨネーズ、ケチャップなどでも試してみよう。

端っこをつまんで振り回せば、まだまだ使える

チューブ入り化粧品

使い切ったと思ったら捨てる

チューブに入った化粧品も、使い切る状態に近づくと、出方が悪くなっていく。しかし、歯磨き粉やマヨネーズなどとはチューブの形状が違う場合、ぶんぶん振っても残った分が片方に集まらないこともある。

とはいえ、歯磨き粉などと比べると、化粧品はずっと値が張る。簡単に捨てたくはない、と思う人も多いだろう。そこで、思い切ってチューブをまっぷたつにしてみよう。こうすれば、綿棒やスプーンなどを差し込んで、残った中身をこそげ取って使うことができる。

1回で使い切れないほど残っていた場合、100円ショップでジッパーつきの小さな袋を購入し、その中に入れて保存するのがおすすめだ。

チューブを半分に切れば、残った中身を取り出せる

切手

間違えて貼ってしまった

はがきや封筒に切手を貼ろうとして、違う金額のものを貼ってしまった……。こうした場合、まあいいか、とあきらめてはいないだろうか。しかし、そのまま捨てるのはもったいない。はがす方法はあるので、試してみることをおすすめする。

切手を間違って貼ることは多いようで、インターネットで検索すると、いろいろな方法が紹介されている。なかでも、いかにも裏ワザっぽくて試したくなるのが、電子レンジを使う方法だ。切手の部分に水を少々つけて、電子レンジで30秒ほど加熱。こうすると、のりの部分が軟らかくなり、はがすことができるというものだ。

のりなどの接着剤は、熱せられたら緩むので、なかなか良い方法のように思える。けれども、残念ながら、成功するケースは少ないだろう。一度熱しただけではがれない場合、何度か繰り返せばいい、ともいわれるが、繰り返して加熱させることで、切手が変色する恐れもある。しつこくやらないほうがいいだろう。

同じ原理から、切手の上からアイロンをかける、またはドライヤーで熱風を吹きかける、あるいはやかんで湯を沸かして、注ぎ口から出てくる蒸気をかける、というはがし方も紹介されている。だが、これらもそれほど効果がある方法とはいえない。

一方、これらとはまったく逆の考え方で、冷蔵庫で冷やせばはがれるという情報もある。しかし、やはり有効なはがし方とはいいがたい。

では、切手をはがす方法はないのかというと、そんなことはない。簡単でしかも効果のある方法を紹介しよう。切手の周りをはがきや封筒ごと切り取り、小皿に入れたぬるま湯につけるといい。これだけで次第にのりが緩み、早ければ1時間ほどで切手が浮いてくる。裏面にはまだのりが残っているので、はがしたら、壁や窓などに裏返してぺたっと貼って、十分乾かしてから再利用しよう。

水につけるのは時間がかかって面倒というのなら、はがきや封筒を郵便局に持ち込もう。1枚につき5円の手数料が必要となるが、新しい切手に交換してくれる。

ぬるま湯につけると、のりが緩んではがれる

ハサミ

切れにくくなったので、もう使えない

ハサミは使ううちに次第に切れなくなるが、包丁とは違ってメンテナンスの仕方はない。そこで、手入れをされないままお役御免となる。これが一般的なハサミの使われ方だろうが、少々切れなくなったからといって、捨てるのはまだ早い。

じつはハサミが簡単に復活する裏ワザがある。アルミホイルを四つ折り程度にして、ハサミでジョキジョキ切るだけ。これでハサミの切れ味はもとのように戻る。

まるで手品のような話だが、これは「構成刃先」という、金属加工の知識がある人なら常識ともいえる現象。金属の切りくずが刃先を保護するように付着し、新たな刃先が構成されたものだ。この方法は、ハサミに細かい傷がつき、切れ味が悪くなった場合に効果がある。欠けたりへこんだりした部分に、固くなったアルミが貼りつくことによって、切れ味が復活するわけだ。

切れないハサミは、砥石などを使って研ぐ手もあるが、刃の裏側（重なる面）は絶

対に磨いてはいけない。微妙な噛み合わせがズレて、最悪の場合、まったく切れなくなってしまう。
また、刃の表面には問題はないが、紙や布を妙に噛んでうまく切れないことも少なくない。こうした左右の刃の噛み合わせが悪い場合は、ネジの緩みが原因のことが多い。プライヤーややっとこなどでネジを締めたら、復活する可能性がある。ただし、締め過ぎると、ハサミの開閉がスムーズにいかなくなるので注意しよう。

アルミホイルを重ねて切ると、切れ味が復活する!

石けん

小さくなったら、使いにくいので捨てる

小さくなって使いづらく、泡も立ちにくくなった石けん。新しいものに取り換えたくなるだろうが、ちょっと待ってほしい。その小さな石けんは、ある方法によって、まだまだ使うことができる。

小さくなった石けんを耐熱皿に入れて、電子レンジへ。加熱時間は40秒程度とし、スタートボタンを押してみよう。はじめは変化がないが、途中から急にもこもこと膨張し、数倍の大きさに膨らんでいく。加熱により、石けんの水分や空気が膨らんだり気化したりすることにより、内部から押されて大きくなるという理屈だ。

再生した石けんは、通常と同じように使ってOK。小さくなったものを数個まとめてチンすると、合体してより大きな石けんになる。

電子レンジで加熱すると、膨らんで使いやすくなる

ビール

飲み残してしまったら捨てる

前夜、飲み残してしまったビール。気が抜けているので、たとえ再度冷やしても、もう飲む気は起こらない。こんなときは捨てるしかない……と思うのはまだ早い。十分、使い道はある。

ぜひ試してほしいのが、コンロ周りの掃除。ビールに含まれているアルコールとビタミンEの作用が油汚れを分解してくれるのだ。

汚れている部分にキッチンペーパーを敷いて、そこに飲み残したビールをかけてみよう。その後、20分ほどたってから拭くと、驚くほどきれいに油汚れが取れる。そのままにしておくと匂いが残るので、空拭きするのを忘れないようにしよう。頑固な油汚れのついた換気扇の掃除にも有効だ。

コンロ周りの油汚れの掃除に最適!

机の引き出しで保管する

1回で使うのはほんのちょっとの瞬間接着剤。残った大部分は、保管しておくことになる。しかし、いざ使おうとしたら、固まっていて出てこなかったことがないだろうか。きちんとふたをしていたのなら、保管場所が悪かったに違いない。

瞬間接着剤は湿度があると固まりやすく、高い温度にさらされると劣化しやすい。このため、机の引き出しの中などに入れておくと、次には使えなくなる可能性が高いのだ。最適な保管場所は、湿度も温度も低い冷蔵庫。乾燥剤と一緒に密閉容器に入れて、ノズルを上側にして立てておくと、一層、長持ちさせられる。

再び使うときは、冷蔵庫から出してしばらくおき、室温になじませてから。冷たいままだと接着力が低く、温度差で膨張して吹き出すこともある。

湿気と高温で劣化するので、冷蔵庫で保管を

そのやり方では劣化が進む！

日用品やスマホ、衣類など、
よく使うあれやこれ、
正しく扱っているだろうか。
もし間違っていたら、
劣化が進む一方だ！

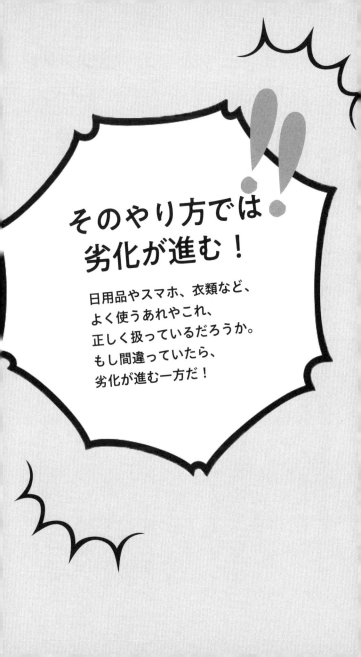

突っ張り棒

伸ばしながら取りつける

ちょっとしたすき間に固定して、収納やカーテンレールなどに利用できる突っ張り棒。とても便利なアイテムだが、じつは正しい使用方法が広く伝わっておらず、多くの人が間違って取りつけているようだ。突っ張り棒は正しく使わないと、両端を押しつける力が次第に弱まり、やがてずれ落ちてしまう。よく見られるダメな使い方を紹介するので、当てはまっていたら、すぐに取りつけ直すようにしよう。

最もやりがちな間違いが、一般的なバネ式の突っ張り棒を取りつけるとき、パイプを伸ばしながら固定することだ。このやり方では、両端の方向に押す力が足りず、支える力も弱くなる。製造メーカーがアンケートを取ったところ、何と90％以上の人がこの間違った使い方をしていたという。

正しいやり方は、まったく逆。まず、渡したい空間の長さよりも数㎝長めに伸ばし、これを押し縮めて固定するのが正解だ。こうすると、両端が壁をぐっと押すので、しっかり支えることができる。

でこぼこが多い壁や土壁などに使うのも良くない。突っ張り棒の強度は、両端が壁と密着することによって確保できるのだが、こうした壁では摩擦力が低下して十分な強度が保てない。また、強度をより高めようとしてか、両端の先に板などを当てて使う場合があるが、これもNGだ。逆に強度が下がって、ずり落ちやすくなってしまう。

間違った使い方に当てはまっていた場合、正しく取りつけ直すようにしよう。

長めに伸ばし、縮めながら取りつけるのが正解

スマホ

熱い場所に置きっぱなしにする

スマホが熱に弱い機器であることはよく知られている。本体が熱を持たないように、負荷の大きなアプリの使い過ぎに注意する、あるいは充電中はバッテリーを保護するために使わない、といったことを心がけている人は多いだろう。

その一方で、意外に無頓着な行動が、長時間、気温の高い場所に置きっぱなしにしておくことだ。夏の公園のベンチやビーチの砂の上に置く。直射日光が当たって、やけどしそうなほど熱い車のダッシュボードの上に放置する。冬なら、ストーブのすぐ前に放りっぱなしにする。

こうした状態のときに使うのは、一層良くない。自然な放熱ができなくなり、バッテリーの負担がますます大きくなるので禁物だ。

外部から受ける熱もスマホの大敵！

スマホ

熱くなったら、冷蔵庫で冷やす

アプリの使い過ぎや、充電しながらの使用などによって、スマホが熱くなったらどうすればいいだろう。

冷蔵庫に入れたり、保冷剤を当てたりと、とにかく温度を下げる。防水タイプの場合は、冷たい水につける。こうして一気に冷やすのが最も効果がありそうだが、絶対にやってはいけない。本体内部に結露ができて、故障の原因になってしまう。

スマホが熱を持った場合、まずは電源を切って、本体の稼働をストップさせるのがいちばんだ。ケースをつけているのなら、温度が下がりやすいようにはずそう。直射日光の当たる場所など、高温の場所に置いていた場合は、涼しいところに移動することも大切だ。こうして、自然な放熱で温度を下げるようにしよう。

内部に結露が生じて、故障してしまうかも！

メガネ拭き

もちろん、洗ったことがない

メガネはただかけているだけでも、ほこりや汗などによって汚れていく。さらに、調理をしたら油汚れ、外出すれば花粉、女性なら化粧品なども付着する。かなり汚れやすい日用品なのだ。汚れた場合、メガネにハァ～と息を吹きかけて、服の裾やティッシュペーパーなどで拭く人も多いが、やめておいたほうがいい。レンズの表面に傷がつく恐れがある。

メガネの汚れは、専用のメガネ拭きで拭くようにしよう。メガネ拭きは多くの場合、ナイロンやポリエステルの細かい繊維であるマイクロファイバーでできている。マイクロファイバーは静電気によって細かい汚れを吸着するので、メガネの手入れをするたびに、メガネ拭きの繊維のなかには汚れがどんどん積み重なっていく。

問題なのは、メガネ拭きは汚れやすいにもかかわらず、まったく洗わない人がいることだ。汚れたメガネ拭きで拭くと、逆にメガネが汚れるのはもちろん、表面に傷がつくことも考えられる。

メガネ拭きが汚れたら、おしゃれ着などと一緒に洗濯機で洗おう。ただし、ほかの洗濯物のほこりやゴミがくっつかないように、洗濯ネットに入れて洗うほうがいい。

ひどく汚れていると思われる場合は、手洗いがおすすめだ。洗面器などにぬるま湯を入れて、中性洗剤を溶かし、そのなかで優しくもみ洗いをしよう。洗剤が残ると、メガネに悪影響を与える可能性があるので、洗ったらしっかりすすぐことが大切だ。

洗ってきれいにしたら、部屋干しか外で陰干しをする。マイクロファイバーは繊細な素材なので、直射日光に当たると劣化が早くなる。熱にも弱いので、乾燥機にかけて乾かすのは禁物だ。

できれば週に1回程度、こうした手入れをしたい。しかし、メンテナンスをしていても、メガネ拭きはだんだん劣化していく。使ううちに表面の繊維がほつれてきたら、買い替えを考えよう。

汚れたメガネ拭きを使うと、レンズに傷がつく！

スニーカー

買ったらすぐに履く

革靴の手入れは怠らないが、スニーカーには何もしないという人は少なくないようだ。しかし、カジュアルなシーンで履くものだけに、革靴よりもずっと汚れやすいのがスニーカー。新品のきれいなうちから、汚れを防止することが大切だ。

スニーカーを購入したら、履く前にまず防水スプレーを使って、繊維の表面をコーティングしよう。20～30㎝ほど離れたところから、満遍なく吹きかけるのがポイントだ。注意したいのは、靴の内部にスプレーの粒子が付着したら、汗を吸わなくなること。靴の中に新聞を詰めてから、防水スプレーをかけるのが賢いやり方だ。

長持ちさせるために、2週間に1回程度、こうした手入れをしたい。やり過ぎは黄ばみの原因になるので、梅雨時などもこのペースを守るほうがいいだろう。

新品のうちに防水スプレーをかけると長持ちする

すぐに花瓶に入れて楽しむ

部屋の美しいアクセントになる切り花。できるだけ長持ちさせて、多くの花を咲かせたいものだ。しかし、自宅に持ち帰ったらすぐに花瓶にさして、毎日、水替えを心がけるだけでは、長持ちさせたり、花を次々に咲かせることは難しい。

切り花の美しさを一層保つには、あるものを花瓶の水に加えるといい。ひとつは漂白剤だ。水は細菌が繁殖しやすく、その影響で切り花が弱ってしまう。水1ℓにつき漂白剤を5～6滴加えると、塩素濃度が高まって水が腐りにくくなる。

もうひとつは、栄養剤としての砂糖。水1ℓにつき5～10g程度溶かすと、水とともに吸い上げられ、ほど良い栄養となって切り花が元気になる。つぼみが開いたとき、花がより大きくなる場合もあるので、ぜひ試してみよう。

水に漂白剤と砂糖を加えたら、花が長持ちする

ボールペン

壁のカレンダーにメモ書き

あなたは、壁にかけたカレンダーに、予定を細かく書き込みたいタイプではないだろうか。あるいは、しばしばベッドの上で仰向けになり、上を向いてノートにメモ書きをしてはいないか。こうした習慣のある人は、ボールペンをインクが切れるまで長く使うのは難しい。

一般的なボールペンは、その名の通り、ペン先にボールがはめられている。ペン先を押しつけて動かすと、このボール部分が回転することにより、インクが紙について字が書けるという仕組みだ。通常のように、ペン先を下に向けて使っている分には問題はない。しかし、壁にかけたカレンダーに書いたり、仰向きでメモ書きしたりした場合、このメカニズムに狂いが生じてしまう。

トラブルは、ペン先内部とボールの間にあるわずかなすき間から起こる。普段はインクの重みがペン先に向かってかかるので、このすき間から空気が入ってくることはない。しかし、ペン先を上に向けて書くと、インクの重みがかからなくなり、すき間から空気が浸入してくるのだ。

ペンの内部に空気が入ると、インクがペン先とは反対の方向に逆流し、ボールが回転してもインクが紙につかなくなる。こうなると、もうそのボールペンは正常に使うことができない。壁のカレンダーに書き込みたいときは、鉛筆やシャープペンシルを使うようにしよう。

ペン先から空気が逆流して、インクが出なくなる!

フリース

そのまま洗濯機で洗う

寒い冬には欠かせないのがフリースのウエア。しかし、軽くて温かい一方、着ているうちにゴワゴワになりやすいという欠点がある。メンテナンスにも注意が必要で、洗濯したら繊維が一層固くなることも少なくない。

フリースがゴワゴワになるのは、毛足がしだいに倒れていき、ふわふわ感がなくなってしまうのが原因だ。こうした状態のまま、下手な洗濯の仕方をすると、繊維がよりからみついてますます固まってしまう。

そこで洗濯機に入れる前に、洋服用ブラシでよくとかし、毛足を立てておくことが大切になる。このひと手間をかけるかかけないかで、仕上がりは随分違ってくるので、次から忘れないようにしよう。

洗う前にブラシを使うと、ふっくらと仕上がりやすい

フリース

洗ったら、すぐに干す

フリースをゴワゴワにしないためには、洗濯機への入れ方と干し方も重要だ。ポイントのひとつは、洗濯ネットに入れて洗濯すること。この際、ほかの洗濯物とこすれないように、裏返して入れるようにしよう。

洗濯機が回り終えたら、すぐに干す人が多いだろうが、一層のふわふわ感を出すためにぜひドライヤーを使いたい。3～5分程度、温風を繊維の中に送り込んであげると、一層ふっくらした仕上がりになる。乾燥機があるのならドライヤーは必要なく、軽く温める程度に使用するといい。時間がない場合は、バスタオルを干すときのように、バッサバッサと10回程度振ってから干そう。空気が繊維の中に入って、ドライヤーに近い効果をあげることができる。

ドライヤーの温風を当てて干すと、ふわふわに

傘

使ったあと、手で絞るようにたたむ

あなたは普段、傘を使ったあと、正しくたためているだろうか。たたみ方なんかどうでもいいのでは？と思っている人の傘は、もったいないことに、雨の日のたびに劣化して寿命が縮まっているかもしれない。

ほとんどの傘の表面には、水をはじくためにフッ素樹脂加工が施されている。傘をたたむときに重要なのは、このコーティング加工をいかに傷めないようにするかだ。傘が乾いているとき、コーティング加工は安定しているが、水に濡れると性質がとたんに不安定になる。

こうした状態のときに手で乱暴に触れると、加工部分が傷んで水をはじきにくくなってしまう。本来の傘の機能を長く発揮させるには、このコーティング加工を劣化させないようにしなければならない。そのためには雨の日、表面をできるだけ触らないようにするのがいちばんだ。

傘を長持ちさせるため、たたむときには次のような手順を心がけよう。まず、傘を完全に閉じる前に、2~3回、途中まで軽く閉じたり開いたりして、表面についている水をある程度切る。水を切ったら、つゆ先（骨の先端部分）をまとめて持つ。このとき、胴ネーム（傘の生地を束ねるバンド）を下の位置にしておけば、最後にきれいに巻きやすくなる。次に、つゆ先を持ったまま、片方の手で生地の端をつまんで、1枚1枚束ねていく。最後に胴ネームで巻いてとめれば終了だ。

よくやりがちなのは、傘の先端近くを持って、手で絞るように巻き込むやり方。これではコーティング加工に悪影響を与えてしまう。ハンドクリームをつけた手で触れるのはなおさら悪く、劣化が一層進むので禁物だ。

以上のたたみ方は、長い傘の場合。二段式の折り畳み傘をたたむときには、傘の内側を手で触るので、神経質になる必要はない。一方、三段式の折り畳み傘は、傘の表側が前に出てくるため、内側のほうに手を入れてたたむようにしよう。

表面加工が劣化して、水をはじきにくくなる！

水着

何もしないでそのまま洗濯する

プールや海で遊んだあと、水着はそのままビニール袋などに入れて自宅に持ち帰る。ごく普通の行動で何の問題もない、と思う人が多いかもしれない。しかし、こうした扱い方をされるたびに、その水着はどんどん傷んでしまう。

プールの水には消毒のために塩素が多く含まれており、海水の塩分濃度は約3・4%もある。これらの水は水着にとってかなり刺激が強く、繊維にダメージを与え、色落ちの原因にもなる。

このため、水着を脱いだら、その場でよく洗って、塩素や塩分を洗い流さなくてはいけない。このひと手間で、水着の寿命は随分変わってくるはずだ。持ち帰ったら、すぐにビニール袋から出し、洗濯表示をチェックして早めに洗濯しよう。

脱いだら水でよく洗って、塩素や塩分を洗い流す

新車

すぐに通常運転してOK

新車には急発進や急加速、急ハンドルなどをしない「慣らし運転」が必要だと以前はいわれていた。最近の車には必要ないといわれるが、それはエンジン面から見た場合。タイヤから見ると、やはり慣らし運転はしたほうがいい。

新品のタイヤの表面には、製造工程で付着した油の薄い膜がついており、これが取れないうちは本来のグリップ力が発揮されない。また、おろして間もないタイヤは、過酷な走り方をすると異常な発熱を起こすこともある。

こうした理由から、一般的なタイヤなら走行速度80㎞以下を保って100㎞以上は慣らし運転をすることが大切だ。タイヤ交換時も同じで、長持ちさせるためにも、しばらくの間はおとなしく運転しよう。

慣らし運転なしでは、タイヤにトラブルの恐れ！

線香花火

火をつけて真下に向けて持つ

しみじみした風情のある線香花火。あなたは夏の夜、どのような持ち方をして、火の玉を眺めているだろうか。こうすると長持ちするからと、下に向けて真っすぐ持っているのなら残念だ。それでは、火の玉は早めにポタッと落ちてしまう。

線香花火には、先端に黒い火薬のついた「すぼて」、紙でできたこより状の「長手《ながて》」の2タイプがある。おもしろいことに、長持ちする持ち方はまったく違い、すぼては斜め上の45度、長手は斜め下の45度の角度で持つと、火の玉が最も落ちにくい。

長手にはもうひとつ、長持ちさせる裏ワザがある。火をつける前に、火薬が詰まっている部分のすぐ上をねじることだ。こうすると火薬が内部で詰まり、紙の強度も増して、一層長く楽しむことができる。

「すぼて」は斜め上、「長手」は斜め下に向けると長持ち

もっと節電
できるのに！

日々の暮らしのなかで、
節約しやすいのが電気代。
でも、そのやり方では、
電力をもっと使ってしまう。
早く改めなければ！

エアコン

冷房時、風は下向きにする

冷房を使うとき、冷気が人に直接当たったほうが涼しいからと、風が下に向かって吹くように設定してはいないだろうか。こうした習慣のある人は、夏の間、電気代を相当無駄にしているはずだ。

冷たい空気は下にたまり、温かい空気は上がっていく。エアコンの冷気も同様で、風を下向きにした場合、部屋の下側だけが冷えていく。しかし、エアコンが温度を感知するのは本体周辺。このため、人がいるあたりは冷えやすい一方、エアコンの周囲は設定温度まで下がらないため、無駄にパワーを使い続けてしまうのだ。

冷房の風向きは水平が正解。こうすると、冷風は人のいるところまで自然に下がり、エアコン周りも冷えやすいので、早めにパワーが落ちて節電できる。

水平にしないと、エアコンが冷やし続ける！

エアコン

暖房時、風は弱めに設定する

冷房とは違って、暖房の風向きは下向きがいい。温かい温度は上にたまるので、風を水平にしていると、人がいる床近くの温度がなかなか上がらないからだ。さらに暖房の場合、風速にも注意が必要だ。強風にするとと音がうるさくて気になるからと、弱めの風を流すのが習慣になっているのなら、もうやめたほうがいい。

風を下向きにしていても、勢いが弱い場合、温かい空気は下まで届かないうちに舞い上がっていく。この結果、部屋の上側の温度は上昇し、エアコンは暖房をストップする。しかし、人のいるところはまだ寒いので、つい設定温度を上げて、余分な電力を使ってしまうことになるわけだ。特に暖房を開始したばかりのときは、風速を強くして、早く部屋全体を温めるようにしよう。

温風は強めでないと、部屋の下側まで届かない

エアコンの室外機

特に省エネ対策はしない

猛暑が続くと、エアコン代が馬鹿にならない。設定温度を少し下げたり、扇風機を併用したりと、節電を心がける人は多いだろう。しかし、もったいないことに、非常に有効なのにもかかわらず、ほとんど実行されていない省エネ対策がある。打ち水をしてエアコンの室外機を冷やすことだ。

じつは室外機の温度が上がると、熱を放出しにくくなって、電力が余分にかかってしまう。節電のためには、室外機を冷やすことが重要なのだ。簡単かつ効果があるのが、室外機とその周りに水をかける打ち水。周辺の温度が35℃から30℃に下がると、電力を約20%も抑えることができる。よしずをかけて直射日光をさえぎる、周囲からものを移動して風通しを良くする、といった有効な対策も併せて行おう。

打ち水をして冷やすと、冷房能力がアップする！

電気カーペット

温度設定は「強」でぬくぬく

寒い冬は電気カーペットの上で、寝転がって過ごすのが幸せ……。こういった気持ちはよくわかるが、問題は設定温度。より温かいのが好きだからと、いつも「強」にしていると、ごろごろする時間に比例して、電気代がどんどんかかってしまう。

暖房器具のなかでも、電気カーペットの電力消費量はかなり多い部類に入る。あとで電気料金の明細書を見てギョッとしないためには、設定温度は低めにすることが肝心だ。冬の間、1日5時間、3畳用の電気カーペットを「中」で使用すると、「強」の場合と比べて約5000円も電気代を抑えることができる。フローリングの上に直接敷くと温度が上がりにくく、暖房効率が低下するため、断熱マットを下に敷くといった工夫も必要だ。

「中」で使うと、ひと冬で5000円も節約できる!

エアコン

寒い夜は暖房をかけて眠る

寒い季節になると、寝つきが悪くなる人もいるだろう。特に冷え症の場合、なかなか体が温まらない。そこで、エアコンをつけて、快適な温度のなかで眠りにつく。こうすると気持ちはいいかもしれないが、布団に入っているのに、エアコンをつけるのはもったいないのではないか。

それでも、寒いのはやっぱり嫌……という人には電気毛布をおすすめする。電気毛布が消費する電力は意外なほど少ない。機種などにもよるが、電気代はひと晩でなんと1円程度しかかからないのだ。冬の3か月、毎日、電気毛布にくるまって寝ても、出ていくお金はわずか100円程度ということになる。

これに対して、エアコンの暖房をつけて寝ると、たったひと晩で70～80円程度の電気代がかかることが多い。古いタイプのエアコンを使っている場合、余計に電力を消費するので、電気代はさらに高くなる。寒いシーズン中、毎日のように暖房をつけて寝ると、トータルでは相当な金額になってしまう。電気代のことを考えたら、エアコンをやめて電気毛布にしない手はない。

健康面からいえば、電気毛布をつけっぱなしで寝るのは体にあまり良くない。体温調節がうまくできなくなり、睡眠の質が低下しやすいのだ。電気毛布を使う場合は、寝る30～40分前から温めておき、就寝時に電源を切るのがいいだろう。こうして使えば、電気代はさらに安くなる。

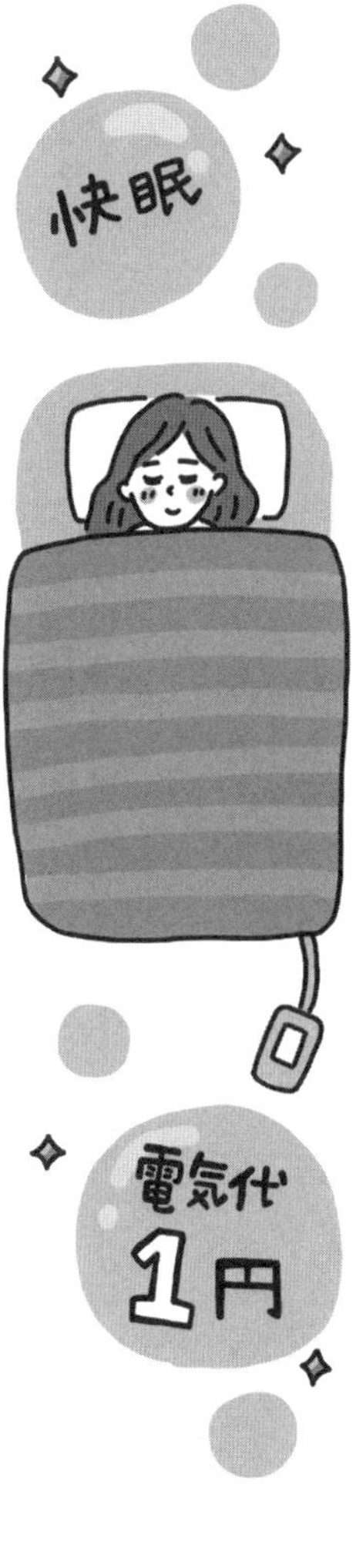

電気毛布なら、ひと晩つけても電気代はたったの1円！

家事

起きている間に全部こなす

掃除や洗濯、料理ほか、やらなければならない家事は山ほどある。特に1人暮らしや共働きの家庭では、空いている時間にこなすのが精いっぱい。とても節電などには頭が回らない、という場合も多いだろう。しかし、簡単に電気代が節約できる方法があるので検討してみよう。

注目したいのは夜間や休日、朝など、時間帯によって電気代が安くなるプラン。食器洗い乾燥機や衣類乾燥機など、電化製品のなかでも電力消費量が多く、しかもタイマーで時間設定できるものを集中させれば、場合によっては電気代をかなり抑えられる。ただし、こうしたプランは、格安以外の時間帯が割高になっているので、生活パターンと照らし合わせることが大切だ。

電気代の安い時間帯に、タイマーで食器洗いや衣類の乾燥を

掃除機

一般的なキャニスター型で節電

最近、掃除機は年々進化して、新しいタイプの製品が次々に登場している。とはいえ、最新のロボット型も興味はあるが、コードと車輪のついた従来のキャニスター型が使い慣れているのでいい、という声も少なくない。

では、電気代で見ると、キャニスター型とロボット型はどちらが得なのか？　ロボット型は高性能のため、電力をより多く消費しそうな気がするかもしれないが、そうではない。ロボット型の電力消費量はキャニスター型の約4分の1しかなく、使い方や機種にもよるが、年間の電気代が3000円程度も安くあがるのだ。

ロボット型の価格はまだ高めだが、電気代のことを考えたらメリットは大きい。次の買い替えの際は考えどころだ。

ロボット型のほうがはるかに節電できる！

浴室乾燥機能で乾かす

雨の日が続いても、脱いだ衣類がたまったら、洗濯しなければいけない。洗ったものを外に干すことができない場合、とても便利なのが浴室乾燥機だ。1人暮らしの女性や花粉症の人など、防犯や健康上の理由で外に干せない人なら、なおさら使う頻度が高いだろう。

しかし問題は電気代で、機種にもよるが、1時間使うと30円程度かかってしまう。週に2~3回も使うと、年間では数千円の支出になるわけだ。必要なことだから、この金額は仕方ない……と思うのはまだ早い。機能を理解して上手に使えば、大幅に節電することが十分できる。

節電のための大きなポイントは、換気機能を利用することだ。乾燥機能が乾いた温風を流し込むのに対して、換気機能は空気の入れ替えをするだけ。このため、乾燥機能の約60分の1の電気代しかかからない。

干す枚数が少なければ、6時間の換気で、1時間の乾燥と同程度まで乾かすことができる。時間が長くかかっても、電気代に換算すると10分の1程度と、浴室の換気機能はすこぶるエコなシステムなのだ。換気だけでは乾きにくいと思ったら、乾燥と換気を繰り返して行うといい。

また、浴室乾燥機を使う場合、より早く乾くように、事前にひと手間をかけることも大切だ。壁面や天井に水滴がついていると、湿度が高くなって乾きにくくなるので、柄つきのモップなどで拭き取っておくようにしよう。同じく湿度の観点から、浴槽に水が張られている場合、ふたを閉めておくことも忘れてはいけない。

ドアの構造も要チェックだ。下側に換気用のスリットがない場合は、乾燥や換気の際に空気を入れ替える力が弱い。こうした構造の浴室では、空気の出入り口として、ドアを少し開けておくことが必要だ。ただし、空気の出入りが激しくなると、乾燥しにくくなるので、大きく開け過ぎないように気をつけよう。

換気機能をうまく使うと、電気代はずっと安くなる！

エアコン

フィルター掃除は年1回

エアコンのフィルターは掃除することが必要。誰もが知っていることだが、正しく実行していない人がなんと多いことか。ひどい場合は、夏と冬のシーズン前、1回だけ掃除をする人もいる。これでは、ほとんど意味はない。

エアコンは汚れた空気を前面から吸い込み、フィルターを通してきれいにしたのち、機器の中で温めたり冷やしたりする。このメカニズムから、エアコンを使えば使うほど、フィルターにはほこりが付着して汚れていくわけだ。

フィルターの掃除はシーズン1回だけでは全然足らず、2週間に1回程度はやらないと、トラブルを起こす可能性が高い。汚れたフィルターにはカビが発生しやすく、風が臭くなり、ひどい場合は健康にも悪影響を及ぼすようになる。吸い込んだ空気がフィルターを通りにくくなると、冷房や暖房の効率も悪くなってしまう。

掃除する際、フィルターをいきなり外してはいけない。吹き出し口周辺にはほこりが付着しているので、掃除機でこうした汚れを吸い取ることからはじめよう。
吹き出し口がきれいになったら、フィルターを外す。汚れがそれほどでもなければ、掃除機で吸い取るだけでＯＫだが、ひどい場合は水洗いが必要だ。シャワーを当てても取れないのなら、中性洗剤を使って洗おう。乾燥が足りない場合、カビが発生しやすくなるので、完全に乾かすことが大切だ。なお、「お掃除機能」がついている機種は、頻繁に掃除をする必要はない。

2週間に1回は掃除しないと、冷暖房の効率が悪くなる！

テレビ

リモコンでオフにする

最近の電化製品は、リモコンを使って電源をオフにできるものが多い。こうした場合、気になるのが待機電力。一見、電気が通じていないように見えても、じつはスタンバイしている状態で、電力が少しずつ消費されているからだ。

一般家庭で最も使う電化製品のひとつ、テレビの待機電力はどうだろう。最近のテレビは待機電力がほとんどかからないともいわれる。しかし、待機状態のときでも、番組データを受信するときなどは30W近くを消費してしまう。

シャープやソニーの公式ホームページでは、節電のためにはリモコンで消して待機状態にするのではなく、主電源を切ることを推奨している。ここはやはり、メーカーのいうことに従っておこう。

主電源を落として、待機電力をゼロにする

アイロン

1枚のシャツにもアイロンをかける

シャツはシワがなく、折り目がピシッとついていないと着る気になれない。こういった人は、洗濯をするたびに、せっせとアイロンがけをしているかもしれない。しかし、その習慣は考え直してはどうか。

アイロンは1回につき短時間しか使わないものの、高熱を作り出す機器なので、消費電力はかなり多い。機種と設定温度にもよるが、毎日10分使用すると、1年で1000円から2000円程度の電気代がかかる。

アイロンが最も電力を消費するのは、スイッチを入れてから、熱い状態に持っていくとき。ということは、かける時間を短くするよりも、回数を減らすほうが節電になるわけだ。毎日使うのはもったいないので、数日分をまとめてかけるようにしよう。

数日分をまとめてかけると、ずっと節電になる

アイロン

かける順番は気にしない

シャツやハンカチなどにアイロンをかけるとき、順番は気にしているだろうか。ほとんど気にしていない、あるいは、お気に入りのシャツからかける、といったやり方では、無駄に電力を消費している可能性が大だ。

アイロンはスイッチをオンにしてから、高温に達するまでに時間がかかる。その間、ただ待っているだけではもったいない。有効に使って、アイロンがけを早く終わらせ、電気代を浮かせるようにしよう。

ほとんどの場合、アイロンの温度設定は「低」「中」「高」の3段階に分かれている。「低」は100℃前後、「中」は150℃、「高」は200℃に設定されていることが多い。電気代を抑えるためには、まず「低」の温度でかけ、次に「中」に移り、最後に「高」にするのが効果的だ。

では、それぞれの温度に適した素材はどういったものなのか。かなりの温度差があるので、失敗して生地を傷めたり、無駄に時間がかかったりしないように、ちゃんと理解しておく必要がある。

まず、「低」の温度でアイロンがけしたいのは、アクリルやポリウレタン、ポリプロピレンなど。「中」はウールや絹、レーヨン（長繊維）、アセテート、ポリエステルなど。「高」は綿や麻、レーヨン（短繊維）といったところだ。

実際にアイロンをかけるときは、必ず表示をチェックしよう。数日分をまとめてかける場合は、事前に表示を見て、「低」「中」「高」別に仕分けをしておくと、流れ作業で手際良く行える。

余熱を有効に活用することも、節電の大きなポイント。ハンカチなどの薄い生地のものは、スイッチを切ってからでも、シワを十分伸ばすことが可能だ。また、アイロン台のカバーはアルミでコーティングされたものがベスト。熱が伝わりやすいので、効率良くかけることができる。

「低」「中」「高」の順で、最後に余熱を利用する

こまめに電源をオフにして節電

電源はこまめにオフにする、エアコンは夏も冬も弱めに設定するなど、電気代をできるだけ抑えようと励む人は多い。ただし、本気で節電したいのなら、根本的な部分でもっと効果的な方法がある。最も有効なのは、契約アンペア数を下げることだ。

アンペアとは、電気が流れる量を表す単位のこと。電力会社のなかには、このアンペアの容量を基準としてプランを出し、顧客と契約するところがある。契約アンペア数が高くなるに従って、同時に多くの電化製品を使えるので、基本料金も上がっていくという仕組みだ。

契約アンペアの確認の仕方や基本料金は、電力会社によって違う。東京電力の場合、分電盤にあるアンペアブレーカーが契約アンペア数ごとに色分けされている。アンペア数に応じた毎月の基本料金を見てみよう。

赤＝10アンペア／286円、桃色＝15アンペア／429円、黄色＝20アンペア／5

７２円、緑＝30アンペア／８５８円、灰色＝40アンペア／１１４４円、茶色＝50アンペア／１４３０円、紫＝60アンペア／１７１６円。50アンペアの契約だった場合、40アンペアに落とすと、それだけで年間３４３２円の節約になるわけだ。

しかし、深く考えないで、契約アンペア数を落とせば、使える電気の容量をたびたび超えて、ブレーカーが落ちてしまう。まずはよく使う電化製品のアンペア数を合計し、余った電気量で暮らすのが可能かどうかを計算しなくてはいけない。

例えば、10畳用エアコンと液晶42型テレビ、４５０ℓの冷蔵庫を同時に使うと合計11・2アンペア。仮に40アンペアで契約する場合、残り28・8アンペアのなかで、ほかの電化製品をやりくりすることになる。

容量内に収めるには、当然、使う時間をずらさなければならない。契約アンペアを変更する前に、しっかりシミュレーションすることが大切だ。なお、九州電力を除く西日本の電力会社は、契約にアンペア制を導入していないので注意しよう。

契約アンペア数を下げるのが最も有効！

トイレの便座

冬は温めっぱなしにする

1980年、日本が世界に誇る温水洗浄便座が発売された。以来、40年経過し、いまでは大方の家に備えつけられ、冬でも温かい暖房便座に座ることができる。しかし、じつはかなり電力を消費するため、つけっぱなしにしていると、年間で4000円前後の電気代が必要になってしまう。

4人家族の場合、誰かがトイレにいる時間は1日1時間足らず。1人暮らしや夫婦2人世帯なら、当然もっと短い。1日23時間以上も、無駄に暖房機能をオンにしているなんて、電気代をドブに捨てているようなものだ。

就寝前や仕事に出かける直前、暖房機能はオフにするように心がけよう。コードを抜いておけば、待機電力も消費しないので、さらに電気代を節約できる。

意外に電気代がかかるので、夜と外出時はオフに

もっと節水・節ガスできるのに！

水道代とガス代も
できるだけ抑えたいもの。
毎日使うものだから、
もったいない習慣を変えて、
大きな節約を目指そう。

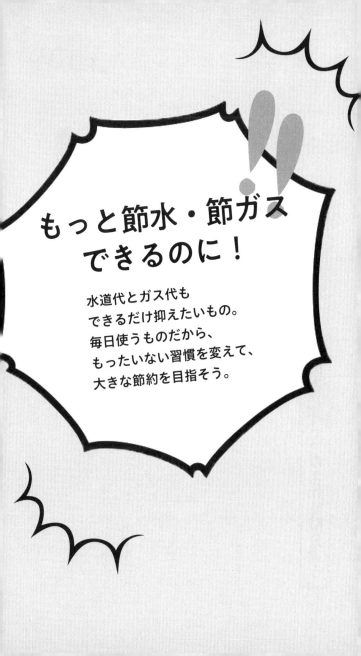

熱めのお湯で油汚れを落とす

食器洗いはお湯でなければイヤ、という人は多いだろう。冬でも楽に洗えるのはもちろん、油汚れが落ちやすいというメリットもある。ただし、注意したいのは設定温度。お湯が熱くなるほど、当然、ガスが多く燃焼されることになる。

給湯器を普段、40℃に設定している人は、ほんの2℃下げてみよう。40℃を38℃にするだけで、年間でガス代を約1500円節約できる。たったの2℃の違いでそれなら、もうちょっと下げてみようか……と思う人もいそうだ。

また、お湯を出しっぱなしにしないことも大切だ。食器洗いをするとき、お湯を5分間出し続けているだけで60ℓも使ってしまう。洗い桶などにお湯を溜めて洗うと、水の量もガス代も半分程度抑えることができる。

2℃下げるだけで、ガス代は随分違う

シャワー

こまめに水をとめて節水

シャワーは使いたいけれど、水道代が心配。そこで、できるだけ節水しようと、1回に使う時間を極力短くしている人はいないだろうか。

努力は素晴らしいが、シャワーヘッドを節水タイプに交換するほうがずっと効果は高い。水が出る穴を小さくしたり、数を少なくしたりしたもので、その分、水圧が強くなって、勢いの強いシャワーが出てくる仕組みだ。メーカーや商品によって違いはあるが、従来のシャワーヘッドと比べて、40％前後の節水効果がある。使う水の量が少なくなれば、当然、ガス代も抑えられ、双方合わせたコストダウンは大きい。

塩素を除去した水が出てくるものや、顔と体で水の強さを替えられるタイプなど、節水以外の機能がついているシャワーヘッドもある。好みに合わせて検討しよう。

節水型シャワーヘッドにすれば40％も節水可能！

歯磨き

手で水をすくってゆすぐ

歯磨きをしたあと、口の中をきれいにするために、水でゆすがなければならない。このとき、どのような方法で行っているだろうか。選択肢はふたつで、コップを使うか、手に水を溜めてゆすぐか。手だと水を少ししか溜めることができないのでゆすぎにくい。一方、洗面所にコップを置くとごちゃごちゃするし、置きっぱなしにするのは不潔。こういった具合に、双方に理由はありそうだ。

ある調査によると、3分の2の人がコップを使い、残りの人が手でそのままゆすいでいるとの結果になった。ということは、3分の1もの人が、毎日、水道代を損し続けていることになる。

コップを使わない場合、手で口をゆすいでいる間、水道を出しっぱなしにしなければならない。たかが数10秒だから、たいしたことはないだろう、と思うかもしれない。しかし、東京都水道局の調べによると，歯をゆすぐときに30秒間、水を出し続けた場合、約6ℓもの水を消費する。

口をゆすぐだけで、2ℓのペットボトル3本分もの水を使うわけだ。疑問を感じる人は、試しに水を30秒間出し続けて、鍋ややかんに溜めてみるといい。出しっぱなしにしていると、想像以上にどんどん水が溜まっていくので驚くことだろう。

1回の歯磨きで6ℓ使うのなら、朝晩2回行うと12ℓ。3人家族の場合、1日36ℓを消費するということになる。この水の量は、1回のシャワーで水を3分間流し続けるのと同じなのだ。

これに対して、コップでゆすぐと、1回で使う水の量は200mℓ足らずで済ませることができる。最近は歯磨き剤のフッ素を口の中に残すため、ゆすぎは1～2回にとどめることが推奨されているので、これに従えば使用量はさらに少なくなる。

もう考えるまでもないだろう。歯磨きをするときは、コップを使ってゆすぐようにするべきだ。


手でゆすぐと、1回6ℓもの水を消費する!

洗車

ホースの水で洗い流す

車が汚れてきたら、洗車をしなければならない。ガソリンスタンドの洗車サービスや洗車機を利用しない場合、自分で洗うことになる。

洗車をする場合、水道の蛇口にホースをつけて伸ばし、水を当てて汚れを流しながら行うのが通常だ。しかし、このときに使う水はじつに大量で、平均で約240ℓも必要とする。一般的な浴槽には1回200ℓ程度のお湯を溜めるので、それよりも多く消費することになるわけだ。

風呂よりも多くの水を使うというのは、ちょっともったいなさ過ぎ。そこで、バケツを使って洗車することをおすすめする。バケツで3杯分の水を使っても、100ℓ足らず。ホースを使う場合と比べて、半分以下に抑えることができる。

風呂よりも水を使うので、バケツで洗い流して節水を！

その食べ方では もったいない！

普段の調理や食べ方。
栄養をたっぷり摂れて、
節約もできていれば幸いだ。
でも、そうではない人が
なんと多いことだろう…。

ニンニクの芽

伸びたら切り取って捨てる

ニンニクを保存しているうちに、先端から芽がニョキッと出てしまうことがある。こうなったら、もう食べられないので捨ててしまったほうがいいのだろうか。それとも、食べてもＯＫか。

イタリア料理などのニンニクを香りづけにするレシピでは、芽を取り去ってから使うように、とよくある。これは焦げやすくて風味を損なうのが理由だ。すでに相当伸びてしまった状態の場合、切り取って捨てるのはもったいない。

伸びたニンニクの芽は、じつは栄養が豊富。カルシウムや鉄分、亜鉛などが通常のニンニクの球よりもはるかに多く含まれている。こうした新芽の状態のものは「スプラウト」と呼ばれており、野菜と種の両方の栄養を兼ね備えていることが多い。

スプラウトは近年、人気が高まっているジャンルで、野菜売場にはおなじみのカイワレ大根をはじめ、ブロッコリースプラウト、アルファルファなど、多彩な種類が並ぶようになった。最近ではニンニクの新芽も、「スプラウトニンニク」といった名をつけられ、感度の高いスーパーの野菜売場に並んでいることがある。

ニンニクを自宅で保存中に芽が長めに出てしまったら、水を少し入れたコップなどで水耕栽培をしてみるのもおもしろい。キッチンの窓際などに置いておくと、ネギのような形の葉がぐんぐん伸びてくる。

10日ほどたって、ある程度大きくなったら、球ごと天ぷらや素揚げにするとおいしく食べられる。キノコ類といっしょにホイル焼きなどにしてもいいだろう。また、芽が少々伸びても、球はまだそれほど小さくなっていない。若干しぼんで風味が落ちてはいるが、芽と切り離し、細かく切って香りづけに使う手もある。

なお、中国料理で使われる「ニンニクの芽」は、球から伸びた芽とはまったく違う別もの。十分生育した株がとう立ちし、ぐんぐん伸びていった花茎で、本来、先端にはつぼみがついている。

栄養豊富な「スプラウト」だから捨てないで!

無洗米

米をとぐ必要がないから節水に

米を洗わずに炊ける無洗米。手間がかからないうえに、水の節約ができるので、コストの面でも得をする。こう考えて、精白米から替えた人はいないだろうか。

水道代だけを見れば、無洗米のほうが安くなるのは確かだ。しかし、国民生活センターの調べによると、無洗米でかかる水道代は年間65円程度なのに対して、精白米は325円ほど。その差はわずか260円程度でしかない。

一方、無洗米は精白米と比べて、価格そのものが高い。このため、水道代の節約分を差し引いても、年間の経費は無洗米のほうが約7600円もかかるのだ。コストの面からだけ見ると、精白米のほうが大分得だということになる。ただし、無洗米は環境に対する負荷が小さいという長所があるので、どちらを選ぶのかは考え方次第だ。

価格が高いので、無洗米のほうが出費は大きい

ナス

焼きナスが大好き

皮をはぐと、特有のポリフェノールがゼロに！

ナスの料理なら、焼きナスに限る。ご飯のおかずにも酒のつまみにも抜群、という焼きナス好きは多そうだが、これほどもったいない料理の仕方もめったにない。

ナスの栄養で最も有効なのは、独特のポリフェノールであるナスニン。抗酸化作用が強く、体の中でさまざまな悪さを働く活性酸素の働きを抑え、ガン予防にも効果がある。このナスニンは紫色の皮に含まれている天然色素。皮をはいで食べる焼きナスに仕立てると、まったく摂取することができないのだ。

ナスニンは水溶性なので、調理の仕方にも注意が必要だ。アクを抜こうと水にさらすと、ほかの数少ない栄養であるカリウムや水溶性食物繊維とともに流れ出てしまう。煮物も同様に有効成分が流出するので、炒め物や揚げ物にするのがいちばんんだ。

野菜の皮

食べる部位ではないので捨てる

ニンジンやゴボウなどの根菜は、皮をむいて食べるものが多い。ナスやトマトといった果菜も、料理によっては皮なしで調理する。皮は固くて食感が悪く、アクもあるからだ。しかし、じつは皮をむけばむくほど、重要な栄養を無駄に捨ててしまう。

野菜の皮は紫外線をはじめ、外部からの強い刺激をガードするという重要な役割がある。このため、強い抗酸化作用を持つポリフェノールなどの有効成分がたっぷり含まれているのだ。

ナスやゴボウの皮を水にさらすと、水の色がだんだん濁ってくる。これは、ナスの皮からはナスニン、ゴボウの皮からはクロロゲン酸という、それぞれポリフェノールの一種が溶け出してくるからだ。皮はむかず、アク抜きも最小限にとどめると、こうした有効成分をまるごと摂り入れることができる。

また、果実などの皮は、直射日光を浴びることによって、光合成が盛んに行われるところ。このメカニズムから、β-カロテンやビタミン類などの栄養が集まりやすくなる。皮をむかないで食べると、こうした栄養を多く摂取できて、より健康的な食事になるわけだ。

果実や根菜だけではなく、キャベツやレタスの外側を包んでいる厚い葉も、同じ理由から栄養が豊富。固そうだからといって、何枚もむくのはやめて、1～2枚を取り除くだけにしよう。

ポリフェノールなどが豊富なので捨てないで！

魚の血合い

気持ち悪いから残す

刺身は好きだけど、血合いは嫌いという人は少なくない。しかし、誤解している人がいるようだが、血合いは血が凝縮されている部分ではない。栄養豊富な筋肉のかたまりなので、食べずに捨てるなんてとんでもない習慣だ。

血合いは長時間、泳ぎ続けるときに活躍する筋肉で、ほとんどが良質なたんぱく質で構成されている。酸素を運搬する血液がたくさん集まっており、当然、ほかの身の部分よりも鉄分が多い。加えて、乾燥肌を改善するビタミンAをはじめとするビタミン類、肝臓の働きを活発化するタウリンなども豊富に含まれている。

血合いが多いのは、活発に回遊するマグロやカツオ、サバ、イワシなどの青魚。生臭みが気になる人は、ワサビよりもショウガを添えて食べるのがおすすめだ。

鉄分やたんぱく質、タウリンが豊富なので残さない！

せんべい

湿気ったら食べられないので捨てる

せんべいを食べようかと、数日前に封を切った袋に手を伸ばすと、残念なことに湿気っていた。もう食べられないと、ゴミ箱にポイッ……とするのはまだ早い。こうしたせんべいを復活させるのは簡単だ。

湿気ったせんべいを皿にのせ、電子レンジの中に入れて、30秒程度加熱してみよう。たったこれだけで、買いたてのようなパリパリのせんべいに復活する。湿気ったということは、水分を含んでしまったということ。電子レンジで加熱すると蒸発し、パリパリの状態に戻るというわけだ。

このとき、ラップをかけると、水分が飛ばないのでNGだ。一度の加熱でパリパリにならなかったら、状態をチェックして再びチンしよう。

電子レンジで加熱すると、水分が飛んでパリパリに！

味噌

カビが生えたら、もう食べられない

自家製味噌にチャレンジしていたところ、表面に白っぽいカビが生えてしまった。こうした場合、仕込んだ樽ごと捨てたほうがいいのだろうか。

この白いカビのようなものは、多くの場合、「産膜酵母」という酵母の一種。カビと同じ真菌類の仲間ではあるが、毒性はなく人体には無害とされている。生えたらもう終わり、というわけではないので安心していい。ただし、放置すると風味が落ちてしまうので、その下の部分を含めて、薄く削るようにして取り除こう。

ぬか漬けを自宅で作っている場合も、産膜酵母はよく発生する。この場合、ぬか床の天地をかき混ぜるようにしよう。大量発生した場合は、白い部分を取り除いてから、天地返しをするのがいいだろう。

多くの場合、酵母が元気良く繁殖したもので無害

その保存の仕方では
すぐ傷む！

保存の仕方が悪ければ、
もったいないことに、
食品は早く傷んでしまう。
劣化しないように
正しい知識を身につけよう！

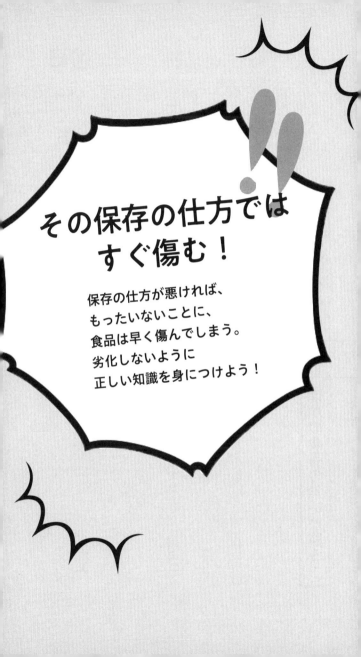

砂糖

ポリ袋に入れたまま保存する

砂糖を買ってきたら、少量をシュガーポットなどの容器に移して、残りはポリ袋のままで置いておく。ごく普通の保存方法だと思うかもしれないが、置き場所によっては、臭くなって使えなくなることを知っておこう。

砂糖の入っているポリ袋は、じつは完全に密閉されているわけではなく、通気性がある。このため、周りのものの匂いが砂糖に移りやすいのだ。

近くにぬか床や洗剤、タバコの灰皿などを置いていたり、冷蔵庫で保存したりすると、砂糖が匂うようになって、使う気にならなくなる可能性がある。また、甘い匂いがわずかに漏れ出て、アリが浸入してしまうことも多い。こうしたトラブルを避けるため、容器に入らない分は、密閉できる缶などに移して保存するようにしよう。

袋は通気性があるので、ほかの食品の匂いが移る！

パスタ！

虫よけに冷蔵庫で保存する

使い残しのパスタを常温で保存していると、閉じた袋のすき間から虫が浸入することがある。このイヤなトラブルを防ぐため、冷蔵庫に入れておく。ごく当たり前の正しい選択のようだが、じつはリスクが大きいのでやめておこう。

冷蔵庫での保存がパスタに向いていない理由のひとつは、ほかの食品から匂いが移る場合があるからだ。また、冷蔵庫から出したり入れたりするとき、温度変化によってパスタが湿気やすいのも良くない。最悪の場合、カビが生えて、すべて廃棄しなければならなくなる。

パスタを使い残したら、密閉できる容器に移し替えて、湿気が少なくて日の当たらない常温の場所に置いておこう。

匂いがつく、湿気でカビがつくなどトラブルのもと！

切り餅

冷蔵庫でそのまま保存する

正月用に切り餅を買ったものの食べ切れず、冷蔵庫で保存することはよくある。このとき、大きな問題となるのはカビだ。冷蔵庫内の4℃程度の低い温度のもとでも、カビのなかには増殖できるものがある。

冷蔵庫から取り出したら、表面がカビだらけ……ではもう捨てるしかない。昔は表面のカビをさっと拭いて食べることも多かったが、カビの菌糸は餅の深い部分まで入り込んでいる。少々削って取り去っても、体に悪影響を及ぼす可能性が高い。

切り餅を冷蔵庫で保存する場合、カビ除けのひと工夫をしてみよう。ポイントはワサビといっしょに保存することだ。タッパーなどに切り餅といっしょに、練りワサビを入れた小皿やアルミカップも加えてふたをする。こうして冷蔵庫で保存すると、ワサビの殺菌効果によって長めに保存できる。とはいえ、ワサビの効果もそれほど長くは続かない。2週間までを目安に食べ切るようにしよう。

水を入れたボウルに餅を沈めて、冷蔵庫に保存してもいい。これは昔からある「水餅」という保存方法。餅が酸素に触れないようにして、カビの増殖を防ぐわけだ。1か月ほど保存可能だが、毎日、水を取り替える必要があるなど少々手間がかかる。

長く保存したい場合は、餅を1枚ずつラップで包んで密閉し、空気に触れないようにしてから、ジッパー付き保存袋に入れて冷凍庫へ。ただし、冷凍焼けなどの劣化する可能性もあるので注意しよう。

冷蔵庫保存でもカビが！ ワサビを入れると効果あり

コーヒー

袋を輪ゴムでとめて冷蔵庫で保存する

コーヒーは毎朝飲むけれど、自分で豆を挽くほどの時間や情熱はない。こうした場合、レギュラーコーヒーを利用することが多いだろう。

スーパーなどで買ってきた袋入りは、数日では飲み切れないので、何らかの方法で保存することになる。ある人は封を切ったあと、輪ゴムでしっかりとめて、冷蔵庫に入れておく。別の人は缶に移し替えて、冷凍庫で保存する。このふたりの保存の仕方は正しいだろうか。

答えは、どちらも間違っている。保存するうちにコーヒーはどんどん劣化し、本来の味や香りがほどなく失われるだろう。

前者のダメなところを見てみよう。まず、袋を開けたあと、輪ゴムでとめるというのがそもそもの間違いだ。コーヒーは酸素に触れることにより、酸化してどんどん劣化していく。いくら輪ゴムでしっかりとめても、隙間から空気は入ってくる。封を切ったら、密閉できる缶などに移し替えることが大切なのだ。

しかも、空気の通り道がある状態なのにもかかわらず、冷蔵庫で保存している。この方法は最悪といっていい。コーヒーの粉は多孔質で、脱臭剤に使われる活性炭よりも脱臭効果が高い。この性質から、庫内にある食品の匂いを吸って、コーヒー本来の香りを失ってしまうのだ。短期間で飲み切る場合、冷蔵庫は保存に適した場所だが、必ず密閉容器に移し替えてからにしよう。

では、もう一つのやり方、冷凍庫保存の悪い点は何か。長期保存するのなら、冷凍庫はとてもいい場所だ。しかし、取り出したときに急激な温度変化が起こり、空気中の水分が水滴となって粉に付着する。湿度も劣化の大きな原因になるので、コーヒーの風味が落ちてしまうのだ。

冷凍庫で長く保存する場合は、1回の量を小分けで密閉して保存。飲むたびにひとつずつ取り出すようにしよう。

庫内で脱臭剤の働きをして、食品の匂いが染み込む！

バナナ

南国の果物だから保存は常温で

バナナは熱帯の作物だから、低温にさらすのは厳禁。必ず常温で保存しなければならない。長い間、こう思い込んでいる人は多そうだが、もう考えを改めよう。バナナを保存するなら、冷蔵庫の野菜室に限る。

すぐに傷んで、真っ黒になるのでは……と思うかもしれない。確かに、野菜室で保存すると、ほんの数日で皮が真っ黒になってしまう。しかし、皮をむくと、肝心の果肉はみずみずしい状態を保っている。これは、低温に置かれることで、バナナの追熟がストップするためだ。常温で1週間も保存すると、果肉が黒ずんで食べられなくなるが、野菜室で保存したものなら十分おいしい。冷気が直接当たらないように新聞紙で包み、さらにビニール袋に入れて保存するのがおすすめだ。

野菜室で保存すれば、1週間たってもOK！

箱買いのミカン

買ったままの状態で保存する

ミカンが大好きな人は、ときには箱買いすることもあるだろう。こうした場合、買った箱をそのままキッチンの隅などに置き、上から順番に食べてはいけない。ミカンが次々と傷むことになりかねないからだ。

まず、上から食べること自体がNG。箱に入ったミカンは、下にあるものほどほかのミカンの重みがかかり、傷みやすくなっている。箱買いしたら、まずミカンを全部取り出して上下を入れ替え、もともとは下にあったものから食べるようにしよう。

並び替えるときには、ヘタを下にすることも大切だ。ヘタは固いので、重みがかかってもダメージが少なく、傷みにくくなる。こうした手間をかけることにより、傷んでしまうミカンはずっと減るはずだ。

上下の列を入れ替え、ヘタを下にしないと傷む

葉物野菜

野菜室で保存する

ホウレン草やニラなどの葉物野菜は傷みやすく、野菜室で保存しておいても、たったの数日でしなびてしまう。使い切れないうちに劣化し、ああ、もったいない……と思いつつも捨ててしまったことがあるだろう。

こうした葉物野菜は、ゆでてから小分けにして冷凍すると、長持ちして使い勝手がいいとされる。とはいえ、けっこう面倒臭い、と思う人は少なくないのではないか。こうした人に朗報をお伝えしよう。じつは、葉物野菜は手間をかけることなく、生の状態のままで冷凍することができる。

肉や魚は冷凍しても、それなりにおいしく食べられるが、生の野菜はNGといわれることが多い。これは野菜に多くの水分が含まれているからだ。

水分が固まると体積が増えるので、細胞の組織を壊してしまう。この状態で解凍すると、細胞から水分が抜け出てクタッとしたり、筋ばかりが強調される食感になったりしやすいのだ。

実際、サラダでよく食べる葉物野菜を生で冷凍し、解凍して生食しても、べチャべチャで食べられたものではない。しかし、おひたしや炒め物、みそ汁やスープの具にしたいのなら話は違う。冷凍しても十分、利用することができるのだ。

葉物野菜をそのまま冷凍すると、冷凍室の中で大きなスペースを占拠してしまう。ざく切りにして、ジッパー付き保存袋に入れて保存しよう。

生のまま冷凍してもおいしく食べられる葉物野菜は、ホウレン草やニラ、小松菜、キャベツなど。使う場合は解凍しないで、そのまま調理するのがポイントだ。解凍すると、水分が抜け出てクタッとなってしまう
一方、水分をよりたくさん含んでいるレタスや、筋が多いセロリなどは生のまま冷凍しないほうがいい。レタスはべチャべチャになり、セロリは筋が気になっておいしく食べられない。

生のまま冷凍できる葉物野菜も多い

ニンニク

常温の室内で保存する

ニンニクは常温で保存することが多い。しかし、香りづけ程度しか使わない場合、すぐには使い切れず、中身がしぼんだり、芽が出たりすることもある。

鮮度を保って、それなりに長期間保存したいなら、常温ではなく冷蔵庫のチルド室のほうがいい。乾燥を防ぐためにキッチンペーパーで包み、ジッパー付き保存袋に入れて保存しよう。チルド室は低温なので、ニンニクから芽が出ることもなく、新鮮な状態を2~3か月は保つことができる。

知り合いに自家栽培のものをもらうなど、大量に手に入った場合は、1片ずつばらしてからラップで包み、ジッパー付き保存袋に入れて冷凍しよう。このやり方ならさらに長く、半年程度保存することが可能だ。

チルド室なら2~3か月、冷凍なら半年持つ

利用できるから、捨てちゃダメ！

使わなかった年賀状。
いらないカードやビール券。
料理で余った小麦粉や卵白。
ほかのことに利用できるから、
捨てるのはまだ早い！

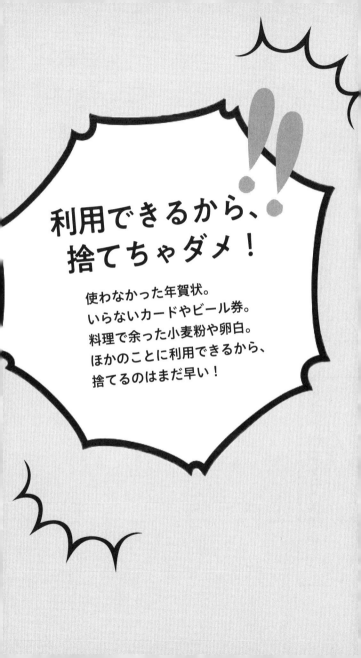

多めに買ったら余ってしまった

年賀はがきをまとめて買った場合、少し残ってしまうことがある。こうしたとき、まあ仕方ないかと、あっさり、ゴミ箱行きにしてはいないだろうか。その行動はＮＧだ。お金を捨てることと同じなので、次の年から郵便局に持って行こう。

残ったり書き損じたりした年賀はがきは、1枚につき5円の手数料を払えば、通常のはがきや切手と交換できる。例えば10枚余った場合、手数料として50円を払うことによって、年賀はがきの値段である1枚63円×10枚＝６３０円分と交換できるわけだ。手数料分は切手やはがき代で賄うこともＯＫ。この交換の仕方なら、６３０円－50円＝５８０円分と交換してもらえる。なお、年賀はがきを購入後、喪中で使えなくなった場合、年賀はがきの販売期間中なら、無料ではがきや切手と交換できる。

1枚5円の手数料で、はがきや切手と交換できる！

カード

不要になったら、切り刻んで捨てる

期限切れで使えなくなったクレジットカードは、捨てる際には細かく切り刻まなければならない。それが面倒だと思って、引き出しなどにいらないクレジットカードが無駄に残っていれば幸いだ。捨てる前に、ひと働きしてもらうことにしよう

不要になったクレジットカードは、掃除に使わない手はない。なかでもおすすめは、ガスコンロにこびりついた焦げつきだ。じつはクレジットカードの固さは、こうした掃除に使うヘラと同程度で、コンロの表面を強くこすっても傷つかない。ヘラと同じ要領でこすると、頑固な焦げつきを取り去ることができる。

すき間の掃除にも、クレジットカードは最適だ。斜めにカットして、トイレと床のすき間や蛇口の根元部分など、汚れが取りにくい場所に差し込んできれいにしよう。

捨てる前に、ガスコンロなどの掃除で使おう

ビール券

ビールは飲まないので使い道がない

ビール券をもらったものの、じつはビールは飲まない。こうした場合、残念ながら、使い道がないような気がするかもしれない。しかし、多くの場合、ビール券はビール以外の商品と引き換えられるので、ぜひ使うようにしよう。

ビール券は大半のスーパーやコンビニで使うことができる。それもビールに限らず、購入するものにアルコール類が1点でも含まれていればOK、という場合が少なくない。ただし、おつりは出ない店もあるので、レジで文句を言わないようにしよう。

ほかの使い道として、ホテルチェーンの東横INNでは有効期限が宿泊日より13か月以上あるものに限り、宿泊料金代わりに利用できる。同ホテルでは、おこめ券やデパート商品券も使える場合があるので覚えておこう。

酒類といっしょに、ほかの商品を買える場合も

小麦粉

料理で残ったけど、使い道がない

ムニエルや揚げ物を作ったとき、ボウルの中に残ってしまった小麦粉。捨てるほかなさそうだが、じつは掃除に有効活用できることを知っているだろうか。

小麦粉を使うと効果が大きいのは、ギトギトしたフライパンや、キッチンのコンロ周りなどの油汚れだ。きれいにしたい部分に小麦粉を振りかけたら、食器洗いでもしていいよう。洗い終えたころには、小麦粉に含まれているグルテンが油を吸収。布や新聞紙などでこすると、振りかけた小麦粉ごと油汚れが取れる。

パスタやうどんのゆで汁も、油汚れに効果的。炒め物をしたあとのフライパンなどに入れる、あるいは油がついた皿にかけるといったことで、洗剤を使ったときのように油汚れを落とすことができる。

油汚れを落とすので、フライパンや食器洗いに活用

卵白

お菓子を作るとき、よく余る

お菓子を作るとき、卵黄だけを使うレシピは多い。当然、卵白だけが残ってしまうことになる。しかし、卵は割ったら保存がきかないから……ともったいないと思いつつ、結局、捨ててしまう人もいるのではないか。こうした人は、卵白が冷凍保存できることを知らないのだろう。

卵白を冷凍するには、小さなタッパーを利用するのが簡単だ。手ごろな大きさのものがない場合は、まず小さなコップや器にラップを大きめにかけて、その中に卵白を入れる。そして、上部を巾着のように包んで輪ゴムでとめ、ジッパー付き保存袋に入れて冷凍庫で保存しよう。自然解凍によって、さまざまな料理に利用できる。卵白が余っても無駄に捨てることなく、有効に使うようにしたいものだ。

冷凍ＯＫの食材なので、少量でも冷凍庫へ

車や電車で損してしまう！

JRの切符を買うとき、
ぐっとお得な方法は？
ガソリン代をもっと節約し、
高速道路料金を安くするには
どうしたらいい？

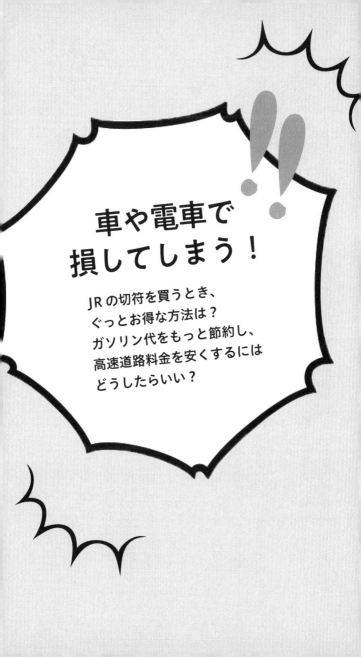

新幹線の切符

みどりの窓口で買う

新幹線の切符を買うには複数の方法がある。あまり乗らない人でも安心なのが、みどりの窓口で購入することだ。乗降駅や日付、だいたいの時間、窓際か通路側かなど、係員の誘導に答えるだけで、該当する列車の切符を用意してくれる。第1希望の列車の指定席に空きがない場合、少しずらした時間の空き座席を探してくれるのも、乗り慣れていない人にはとてもありがたい。

駅の自動券売機で購入するという方法もある。みどりの窓口と比べると、割合空いていることが多く、時間をあまりかけないで切符を買える。乗り慣れている人はこちらの買い方のほうがいいだろう。ただし、目当ての列車に空席がない場合など、もたもたしていると、後ろに並んでいる人からのプレッシャーを感じるかもしれない。

みどりの窓口と自動券売機には、それぞれにメリットがある一方、無視できないデメリットもある。それは、どちらも定価でしか切符を購入できないことだ。お金を最優先したい場合、取るべき選択肢は別にある。ＪＲ各社のインターネットを使ったサービスを利用するほうがずっと得なのだ。

代表的なネットサービスのひとつは、東京駅～博多間の東海道・山陽新幹線で使える「エクスプレス（ＥＸ）予約」。切符の定価はお盆などの繁忙期に高くなるが、ＥＸ予約なら1年中、割安な会員価格で利用することができる。東京～新大阪間の普通車指定席の価格は、通常期の定価よりも１１００円安い1万３６２０円。利用するには年会費１１００円が必要だが、もとを取るのは簡単だ。

さらに得なのが、ＪＲ東日本の「えきねっとトクだ値」。無料会員登録で、15％や30％割引といった驚きの価格で販売している。東北や北陸、北海道などに鉄道旅行するのなら、定価で切符を買うのは馬鹿らしい。ＪＲ西日本にも無料会員登録で利用できるお得なサービス「ｅ５４８９」がある。全国どの路線でもネット予約がお得なので、出かける前に必ずチェックしよう。

ネット予約なら、30％割引になるサービスも！

青春18きっぷ

若者しか使えないから関係ない

大学生などの若者が、夏休みなどにのんびり鉄道旅行するための切符。「青春18きっぷ」にはこういったイメージがある。

では、「青春18きっぷ」を使えるのは何歳までだろう。その名のように18歳まで？ 10代と20代のみ？ などと思うのではないか。しかし、どちらも間違い。「青春～」というネーミングから、まるで若者限定の切符のようだが、じつは年齢に関係なく、誰でも使うことができる。

「青春18きっぷ」は北海道から九州まで、全国のＪＲ線の普通・快速列車の自由席が対象。乗り降り自由の1日乗り放題が、たっぷり5日間楽しめるという極めてお得な切符だ。列車だけではなく、ＪＲ西日本が運航している宮島フェリーや、ＢＲＴ（バス高速輸送システム）も利用できる。

1枚の切符のなかに、日付のスタンプを押すスペースが5か所あり、利用するたびに駅の改札口で日付印を押してもらうというシステムだ。１人で５日間、鉄道旅行を満喫するのはもちろん、家族やグループによる同日・同一行程での利用もＯＫ。とても融通のきく切符といえる。

ただし、１年中販売され、いつでも利用できるわけではない。それぞれの期間は年によって違っており、２０２０年の場合は次のようになっている。

春季…販売２０２０年２月20日～３月31日、利用３月１日～４月10日
夏季…販売２０２０年７月１日～８月31日、利用７月20日～９月10日
冬季…販売２０２０年12月１日～12月31日、利用12月10日～翌年１月10日

値段はどのシーズンも１万２０５０円で、これを５日で割ると１日当たりは２４１０円。ＪＲの営業キロ数と運賃と照らし合わせると、１４１㎞を利用すればもとを取れるということになる。路線にもよるが、だいたい３時間程度も乗れば十分な距離。乗っては降りて……という感じで、気ままに観光しながら利用できる。

じつは年齢に関係なく利用できる！

自動車のエアコン

冬もオートエアコンでぽかぽか

車の冷暖房は、夏も冬もオートエアコンにしていることが多いのではないか。しかし、夏はともかく、冬もそうするのはじつにもったいないことだ。

通常、車のエアコンは「A／C」ボタンがオンになって作動している。「A／C」をオフにすると、ただの「送風」になり、夏なら生ぬるい風が吹くだけで全然涼しくならない。しかし、冬は別だ。車の暖房機能はエンジンの排熱を利用したものなので、送風だけでも暖かく快適に過ごすことができる。これに対して、「A／C」をオンにするとガソリンを使うので、燃費が通常より約10％も悪くなってしまう。

冬は送風だけにして、ガソリン代を節約するのが賢い方法だ。ただし、送風では除湿ができず、ガラスが曇ってしまうので、ときどき「A／C」をオンにしよう。

「送風」だけで温かく、燃費は約10％も向上！

高速道路

乗り越したら、余分な料金を払って引き返す

高速道路を走っていて、降りたい出口を通り過ぎてしまったら……。もちろん、バックやUターンは厳禁だ。自分のうっかり具合を責めながら走り、次の出口でいったん降りることになる。こういった場合、「ETCレーン」を使って降りる人がほとんどだろうが、じつは間違いだ。余分に走った分の通行料金を損してしまう。

次の出口で向かうべきなのは「一般レーン」。ゲートで係員に事情を話せば、「特別転回」という承認印を押した通行券を渡してくれる。そして、係員の指示に従って逆方向に向かう本線に入り、先ほど通り過ぎたインターチェンジに戻る。ここでも一般レーンに入り、先ほどもらった通行券を係員に渡して事情を説明。こうすれば、通り過ぎた分の通行料金は免除される。いざというときのために覚えておこう。

ゲートで事情を説明すれば、余分な料金は不要に！

ETCを装着しているからお得

現在、高速道路を利用する車の90％以上がETCを装着している。しかし、高速道路を月に何100㎞も走っていても、ただETCを使っているだけでは、独自のサービスを手にすることはできない。

ETCの得するサービスを利用するには、「ETCマイレージサービス」への事前登録が必要になる。このことを知らないのか、あるいはうっかりなのか、登録していない人もなかにはいるようだ。未登録なのはじつにもったいないので、まだの人はすぐに登録するようにしよう。

登録はインターネットを利用するほか、高速道路にある料金所の事務室やサービスエリア、パーキングエリアなどで用紙をもらい、必要事項を記入して郵送してもいい。おすすめなのはネットでの申し込みで、手続きをした当日から利用できる。

ETCマイレージサービスの大きな特典は、高速道路の利用に応じて、ポイントがどんどんたまっていくことだ。たまったポイントは、決められた還元額に交換のうえ、通行料金に充てて利用することができる。

ＮＥＸＣＯ東日本や中日本、西日本が管理する高速道路の場合、通行料金10円につき1ポイントがつき、１０００ポイントで５００円分、３０００ポイントで２５００円分、５０００ポイントで５０００円分と交換できる。ポイントを多くためたほうが交換レートは高くなるわけだ。ただし、ポイントには有効期限があり、次の年の年度末を過ぎたら無効になるので注意が必要だ。

なお、阪神高速道路などでは別の計算の仕方になるので、よく使う高速道路のポイントのつき方をチェックしておこう。

ほかに、登録者のみの特典である「平日朝夕割引」も得するサービス。祝日を除く6時～9時、17時～20時の間、対象区間を月に5回以上利用すると30％分、10回以上なら50％分が戻ってくる。

ＥＴＣマイレージサービスに登録しないと損！

自動車

近所の買い物にも車で行く

地方なので電車やバスの便が少ない、あるいはスーパーに行くのに徒歩では遠過ぎる。こういった場合、日々の買い物など、ほんのちょっとした外出にも車を使う人が多いだろう。しかし、乗ってはすぐに降りる〝ちょい乗り〟を繰り返すと、車にはダメージが少しずつたまっていく。

一般的な運転と比べて、とくにオイルに負担のかかる走り方のことを「シビアコンディション」という。ジャリ道や雪道といった悪路、上りや下りの多い坂道、頻繁な長距離走行などと並んで、1回でおよそ8㎞以内の短距離走行が多いことも、シビアコンディションのひとつとされている。ちょい乗りは本当に車に悪いのだ

ちょい乗りがいけない大きな理由は、エンジンが温まらないうちにエンジンを切ることだ。この状態では、エンジン内に取り込まれた空気中の水分が蒸発し切れず、オイルに入り込んでしまう。その結果、オイルが早く劣化して、エンジンに悪影響を与

えることになるのだ。

オイルの適切な交換時期は、通常では1万5000㎞または1年ごとだが、シビアコンディションの場合はその半分とされることが多い。ちょい乗りが非常に多い場合はもっと短く、3000～5000㎞程度で交換するほうがいい、ともいわれる。

車のためには、ちょい乗りはできるだけ避けたほうがいい。スーパーなどのよく行く場所まで数㎞程度なら、自転車の利用も考えるようにしよう。

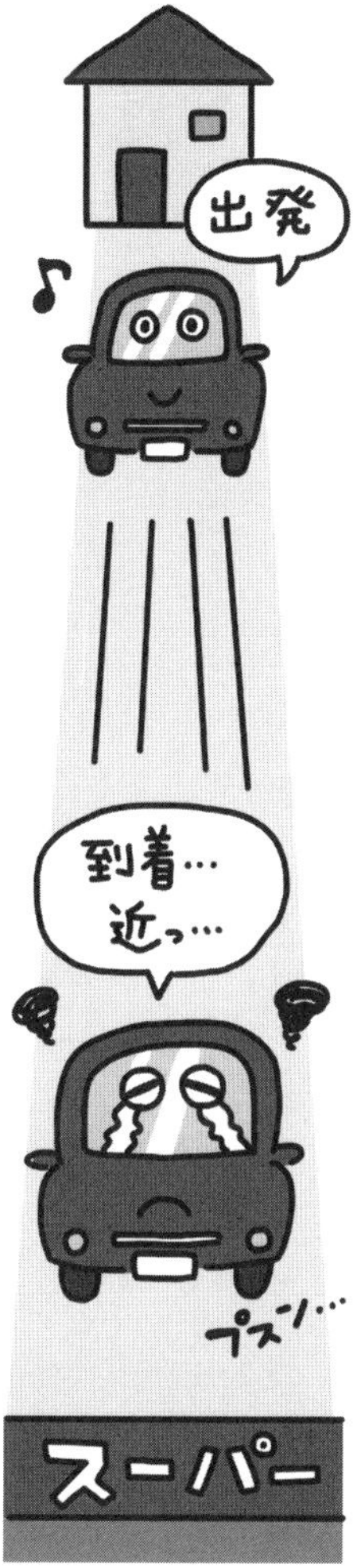

オイルが劣化して、車に大きなダメージが！

タイヤの空気圧はそれほど気にしない

釘を踏んだり、裂け目があったりしなくても、タイヤからは少しずつ空気が抜けていく。ＪＡＴＭＡ（日本自動車タイヤ協会）の調査では、30％近くの車のタイヤが空気圧が下がった状態になっているという。少々、空気圧が低下してもいいのでは……こう思うのだろうが、大きな間違いだ。ガソリン代を想像以上に損してしまう。

タイヤの空気圧が低下すると、路面と接する面積が増える。このため、走行中の抵抗も増えて、燃費が確実に悪化してしまう。空気圧が適正よりも50kPa減った状態（5分の1程度低下）で走行すると、市街地では2・5％、郊外では4・3％、高速道路では4・8％も燃費が悪くなるのだ。

郊外から車で通勤しているケースで換算してみよう。いつも利用しているガソリンスタンドのレギュラーガソリン価格が１４０円／ℓの場合、リッター当たり6円分も高い店で給油しているのと同じということになる。１円でも2円でも安いガソリンスタンドを探す人は多いだろうが、そういった努力が虚しくなるのではないか。

タイヤの空気圧が低いことの弊害は、燃費の悪化以外にもある。走行抵抗が増えることから、タイヤが劣化しやすく、寿命を早く迎えてしまうのだ。操縦安定性も低下し、特に高速道路を走行する場合は危険で、タイヤが異常に発熱してバーストしてしまう恐れもある。

出費を抑え、危険も避けるために、月に1回、タイヤの空気圧はきちんと点検するようにしよう。フルサービスのガソリンスタンドなら、給油のついでにサービスで点検してもらえる。セルフ方式のガソリンスタンドの場合は自分でチェック。作業はそれほど難しくないので、トライするのもいいだろう。

点検する際に注意したいのは、長く走行してタイヤが熱くなった状態だと、空気が膨張するということだ。自宅から近いガソリンスタンドで、走り出して間もないころにチェックするほうがいいだろう。

抵抗が増えて、燃費が5％近くも悪化する！

赤信号

信号の少し手前までアクセルを踏む

次の交差点の信号が赤に変わった。そのとき、まだ200mほど手前にいる場合、どのような行動を取るのがいいだろうか。その後もアクセルをしばらく踏み続け、信号の手前になってからようやく離す人は多そうだ。しかし、その習慣はもう改めるべき。使う必要のないガソリンを無駄に燃やしていることになる。

赤信号が見えたら、まだ少々距離があっても、アクセルから足を離すようにしよう。エンジンブレーキが作動し、燃料を消費することなく、緩やかに減速しながら走行距離が伸びていく。時速60㎞の走行中にアクセルオフにした場合、40㎞まで減速する間に200mも進むことができる。この運転を習慣づけることによって、燃費を2%ほど改善することも可能だ。

アクセルオフを心がけると、燃費が2%アップ!

そのお金の管理は大間違い！

申請するだけで
もらえるお金があるのに、
手をこまねいているなんて…。
すごくもったいないので、
仕組みをちゃんと理解しよう。

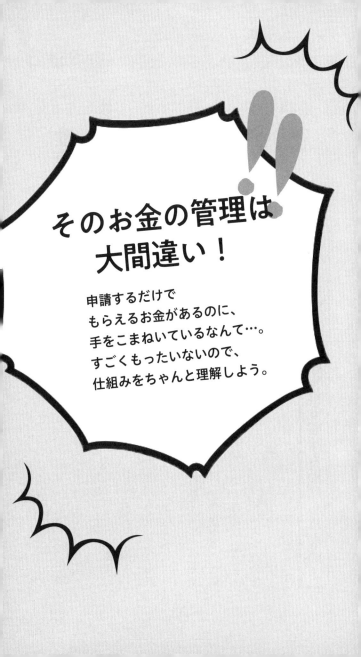

サラリーマンだから関係ない

サラリーマンは毎月、給与から所得税を引かれているので、確定申告をする必要はない。しかし、これには「基本的に」というただし書きがつく。還付金などをもらえる条件を満たしている場合は、必ず申告するようにしよう。申告を怠ると、受けられるはずの控除を受けることができなくなる。

確定申告をするべきケースの代表は、医療費控除や住宅ローン控除を受けられる条件を満たしている場合。こうした税金の還付のための申告を、特に「還付申告」という。還付申告は義務ではないので、国からわざわざ「お金が戻ってくるので申告を」という連絡は入ってこない。自らが動くことによって、もらえるものを取りにいかなければならないのだ。

申告しないと、受けられる控除も受けられない！

確定申告

控除を受けられるのに、申告が遅れた

年度末が目の前になって、気がついた。そういえば、昨年は大きな病気をして、医療費がたくさんかかっている。医療費控除のために、すぐに確定申告をしなければと思ったが、すでに申告の期限である3月15日を過ぎていた。ああ、もったいないことをした、とがっくり……。

こういった場合、あきらめることはない。税金を取り戻すための還付申告は、じつは5年間の猶予がある。例えば医療費控除や住宅ローン控除が2020年分の場合、翌年の2021年1月から2025年12月31日まで申告できるのだ。

毎年、確定申告をしている自営業者の場合も、更正の請求という救済措置により、同じように5年以内なら、払い過ぎた税金を取り戻すことが可能だ。

5年間の猶予期間があるので、あきらめない！

10万円を超えないから関係ない

医療費が年間10万円を超えた場合、所得控除を受けられることは、大半の人が知っているだろう。とはいえ、何度か病院で治療を受けたり、歯医者に通ったりした程度では、なかなか10万円には達しない。確定申告の時期に一応計算してみて、やっぱり足りないというケースは多そうだ。

しかし、医療費の合計が10万円に足りない場合でも、医療費控除を受けられる仕組みがある。もしかしたら、あなたもそのケースに該当しており、本来なら受けられる控除を逃したことがあるかもしれない。

医療費控除を受けられるのは、年間10万円を超えたときだけではない。総所得金額の5%を超えた場合も受けることができるのだ。この総所得金額というのは、給与の額面の総額ではないので誤解しないようにしよう。勤め人で副業をしていない場合、源泉徴収票の「給与所得控除後の金額」欄にある数字がこれに当たる。

総所得金額は計算でも求めることができる。額面の年収でいくつかのランクに分けられており、例えば180万円を超え360万円以下の場合は、総額から「収入金額×30%＋8万円」の給与所得控除額を引いた額になる。

額面の総額が300万円の場合で計算すると、総所得金額は202万円になり、その5%は10万1000円。ということは、年収が200万円台の人なら、医療費合計が10万円に足りていない場合でも、総所得金額の5%を超えて、医療費控除の対象となる可能性があるわけだ。

医療費控除の対象となるのは、本人の医療費だけではないことも覚えておこう。同居している配偶者や子どもはもちろん、離れて暮らす両親や子どもに生活費を送っている場合もOKだ。また、見落とされがちだが、通院で使った交通費も合算してかまわない。ただし、原則的にはタクシーや自家用車のガソリン代は認められず、公共交通機関の利用のみが対象となる。

年収によっては、10万円以下でも控除の可能性が

市販薬

購入後、レシートはすぐ捨てる

体調が良くないけど、病院を受診するほどでもない。こういった場合、ドラッグストアや薬局で薬を買って済ますことはよくある。

注意したいのは、レジでもらうレシート。大事に保管している人はごく少数派で、多くの場合、レジ脇や自宅のゴミ箱に放り捨てられるのではないか。その行動は、あとで後悔することになりかねないので、もうやめよう。

薬のレシートをぞんざいに扱う人は、「セルフメディケーション税制」のことを知らないのだろう。市販薬限定の医療費控除の仕組みで、2017年1月1日から2021年12月31日までの5年間の時限立法だ。

従来の医療費控除は、医療費の合計が「年10万円」、または「総所得金額の5%」と、控除の対象となるハードルがやや高い。これに対して、セルフメディケーション税制では「年1万2000円」と設定が低め。この金額を超える市販薬を購入した場合、確定申告をすると、税金の控除を受けることができる。

医療費が年々増加するなか、軽い症状なら病院を受診することなく、市販薬だけで治してもらおう、という国の狙いによって設けられた。従来の医療費控除と併用はできず、申告の際にどちらかを選択しなければならない。

すべての市販薬が対象となるわけではなく、もともと医師が処方していた薬を一般向けに転用した「スイッチOTC医薬品」に限る。対象商品には、パッケージやレシートに識別マークが入っているので、購入の際にチェックしよう。

セルフメディケーション税制による控除を受けるには、もうひとつの縛りがある。インフルエンザなどの予防接種や定期健康診断、メタボ健診、人間ドックなどのうち、どれかひとつを行い、病気予防に取り組んでいると証明することだ。生活習慣病が気になる年代にとっては、それほど高いハードルではないだろう。とにかく、購入の証拠となるレシートや領収書を、ちゃんと保管しておくことが大切だ。

レシートは市販薬限定の医療費控除の証拠に！

ふるさと納税

目安額を計算して申し込む

税金対策に加えて、ご当地グルメなどの特産品も楽しみなふるさと納税。正確には「納税」ではなく、地方自治体に対する「寄付金」だ。寄付した金額から2000円を差し引いた全額が、所得税で還付、翌年の住民税から控除される。

ただし、所得金額などにより、これ以上利用すると自己負担が2000円内に収まらない、という上限があることに注意しなければならない。この目安額は、ふるさと納税に関するウェブサイトなどで簡単にシミュレーションできる。まず、この目安額を出したうえで、どういった地方自治体に寄付するのかを考えるのが得策だ。

しかし、こうして計算した数字はあくまでもシミュレーションによるもので、実際の控除上限額とは違う場合が多々ある。この点をよく理解しておかないと、自己負担が2000円では済まず、特産品をただ買い求めていた、ということになりかねない。

目安額をはみ出す場合があるのは、シミュレーションサイトでの計算は昨年の収入で行う一方、実際には今年の状況で決まるからだ。収入が昨年と同じであっても、医療費控除や住宅ローン控除などを受けた場合、税金が下がることによって、ふるさと納税の目安額も低くなってしまう。

子どもが16歳になる、生命保険に加入する、配偶者が仕事を辞める、個人型確定供出年金「ｉＤｅＣｏ」をはじめる、といった場合も控除が増えて目安額は下がる。ただの寄付にならないように、状況をよく考えてからふるさと納税を申し込もう。

昨年より控除が増えている場合は要注意！

毎月同じだから、すぐに捨てる

毎月、給料の振り込み時期になると、雇用先から受け取る給与明細書。一応、振り込まれた金額を確認してから捨てる、あるいは、毎月同じなので特に見もしないで捨てる、といった人がほとんどではないか。

いつものことなので、給与明細書をもらっても、特に保管する必要などないと思うかもしれない。しかし、「もしも」を考えると、すぐに捨てるのはNGだ。運が悪い場合、損をしてしまうことになりかねない。

「もしも」のひとつは、残業代の未払いがあることがわかったときだ。当然、もらうべきお金はもらわなければならない。だが、給与明細書がないと、本当に未払いがあったのか証明することができないのだ。

経理担当者に再発行を願い出ても、会社にはその義務はない。こういったケースでは、聞いてもらえないことも十分考えられる。その結果、泣き寝入りせざるを得なくなる、という事態になるかもしれない。

また、会社が突然倒産したときも、給与明細書が必要になる場合がある。あってはならないことだが、会社は清算するための手続きなどで混乱し、1人ひとりの離職証明書にまで手が回らないことも考えられる。こういった場合、給与明細書がないと、失業給付の申請をしても給付金の計算ができなくなってしまう。

こういった事態に陥った場合、頼りになるのが給与明細書なのだ。未払いなどの請求期間は原則2年となっているが、２０２０年4月から3年に延びることになっている。その後、再び延びて5年になる可能性が高いので、給与明細書は5年間保存するようにしよう。

とはいえ、ペーパーを長期間保管し続けるのは大変で、紛失してしまう恐れもある。スマホで撮影するか、スキャンしてデジタルデータでパソコンやクラウド上に保管しておいてもいいだろう。

未払い賃金請求や失業給付申請で損するかも！

クレジットカード

どれもそう違いはないと思う

手早く決済できて便利で、使うほどポイントが貯まるのもうれしいクレジットカード。さまざまな種類が出ているが、それほどの違いはなさそうだと、ネームバリューなどで単純に選んではいないだろうか。

知らない人もけっこういるようだが、クレジットカードのポイント還元率は各カードによって随分違う。改めて説明すると、還元率とはポイントを金券に交換する場合、利用した金額に対してどれほどの金券を得られるか、という割合だ。

一般的には0・5%のポイント還元率が多い。こういったクレジットカードでは、年間10万円利用した場合、500円が還元される。しかし、還元率が1・0%のクレジットカードも少なくない。この場合、10万円の利用で1000円が還元されることになる。現金に換えられるわけではないが、年利1%で資産運用しているのと同じだと考えていいだろう。もっと還元率が大きなものでは、1・5%や1・75%などといったクレジットカードもある。

当然ながら、基本的には、還元率が大きいクレジットカードのほうが得をする。しかし、注意点や落とし穴もあるので、還元率だけを決め手にしないほうがいい。ひとつは、還元率が高いクレジットカードのなかには、年会費が必要なものもあるからだ。例えば還元率は2%とお得だが、年会費として2000円が必要な場合、年10万円の利用でやっとチャラ。そこから積み重ねる分がプラスとなる。

還元率が非常に高いもののなかには、そうした高還元率が適用されるのは提携先の少数店舗のみという場合もある。それ以外の利用は、低い還元率になっていることもあるので注意が必要だ。

「200円の利用ごとに2ポイント」といった具合に、派手にPRしている場合も要注意。これは還元率ではなく付与率で、利用金額に対してポイントがいくら付与されるのかを示すものだ。重要なのは還元率なので、混同しないようにしよう。

注目すべきは還元率の違い。付与率は気にしない

住民税

金融機関を利用して納税する

個人事業主やフリーランスの場合、会社員とは違って、住民税を自分で納めなければならない。従来のように、金融機関で納めている人はまだ多いだろう。しかし、納税はコンビニで行うのに限る。

コンビニが得なのは、金融機関とは違ってポイントがつくからだ。住民税の金額は、かなり大きな買い物をした場合に相当するので、大きなポイントとなる。ただし、コンビニで納税できるのは1回30万円まで。住民税がこれを超える場合は、分割で納めるようにしよう。また、コンビニでの納税に対応していない自治体もまだあるので要注意だ。国民年金もクレジットカードを利用できるので、まだ金融機関に支払っている人は、次から移行することをおすすめする。

コンビニで納税するとポイントがつく！

早引きインデックス

【主な参考文献】

■『源泉徴収のしかた 令和2年版』（国税庁）
■『家庭の省エネ徹底ガイド 春夏秋冬』（資源エネルギー庁）
■『無洗米の品質・安全衛生・環境性等を調べる』（国民生活センター）
■『調理以前の料理の常識』（渡邊香春子／講談社）
■『医療費で損しない46の方法』（原 昌平／中央公論新社）
■『お金の得する情報400』（長尾義弘／河出書房新社）
■『お金の損得大全』（横山光昭／SBクリエイティブ）
■『ひと目でわかる！食品保存辞典』（島本美由紀／講談社）
■『得するお金のスゴ技大全』（監修・丸山晴美／宝島社）
■『マネー大全2019』（晋遊舎）
■『節約の便利帖』（晋遊舎）
■『節約上手な暮らし方』（マガジンハウス）
■『ESSE 2017・9／2018・2／1018・3／2019・2／2019・6』（フジテレビジョン）
■『クロワッサン NO.990』（マガジンハウス）

【主な参考ホームページ】

■国土交通省…節水小辞典
■厚生労働省…セルフメディケーション税制
■文部科学省…食品成分データベース
■総務省…ふるさと納税ポータルサイト
■経済産業省資源エネルギー庁…家庭向け省エネ関連情報
■国税庁…確定申告・還付申告
■東京都水道局…くらしと水道
■COOL CHOICE…エコドライブ活動情報一覧

■クール・ネット東京…家庭の省エネ「思い違い」調査
■郵便局…ゆうパック・郵便物・はがき・切手のＱ＆Ａ
■ＥＴＣマイレージサービス…Ｑ＆Ａ
■ＮＥＸＣＯ西日本…ＥＴＣ・割引情報
■ＮＥＸＣＯ中日本…出口を通り過ぎてしまったら 行き先を間違えてしまったら
■ＪＲ東海…お得なきっぷ
■日本石鹸洗剤工業会…仕上げ剤メモシート／お洗濯１１９番
■東京電気管理技術者協会…電気安全に関するＱ＆Ａ
■一般財団法人 省エネルギーセンター…エコドライブ技術情報
■日本養鶏協会…たまごの知識
■もやし生産者協会…Ｑ＆Ａ
■日本パスタ協会…よくあるご質問
■東京都青果物商業協同組合…八百屋へ行こう！
■ＪＡありだ…有田みかんについて
■ＡＥＲＡ…歯ブラシの本当の替え時は？ 熱湯で〝延命〟はＮＧなワケ
■ＮＨＫらいふ…羽毛布団を長持ちさせるコツ／フリースとセーターを長持ちさせるコツ／タオルの吸水力を保つ洗い方／乾電池を使い切ろう！切れた乾電池の復活術／瞬間接着剤が長持ちする保管方法／はっ水力を維持しよう！傘の正しい使い方
■ＴＢＳラジオ…「ハブラシ」と「ハンドクリーム」で靴磨きができるらしい
■ＰＲＥＳＩＤＥＮＴ Ｏｎｌｉｎｅ…１００円均一「買っていいモノ損するモノ」
■ＮＥＷＳポストセブン…家電量販店店員が明かす裏ワザ
■ＷＥＢ ＣＡＲＴＯＰ…放置プレイはＮＧ！クルマを長時間動かさない人が「最低限」行うべきこと４つ／車のエアコン「Ａ／Ｃ」オフの送風モード！ いったいいつ使うもの？
■乗りものニュース…クルマの暖房は燃費に影響する？「Ａ／Ｃ」ボタンで何が変わるのか
■ＥＸ予約…はじめての方へ
■えきねっと…えきねっととは？
■ＬＩＮＥトラベル…新幹線の買い方を徹底解説！当日の購入＆安く買う方法も

■三菱鉛筆…お客様相談室
■ZEBRA…お客様相談室
■パナソニック…電池なるほどアカデミー
■dアプリ&レビュー…「スマホが熱い」は危険信号⁉ 発熱の原因と対策
■Mypocket…「スマホが熱い」は故障の原因⁉ 発熱のリスクと正しいスマホの冷まし方
■キッコーマン…省エネのゆで卵のつくり方をご紹介！
■カゴメ…野菜を選ぶ・保存する
■Dole…バナナの栄養と機能性
■TOTO…水まわりのまめ知識
■花王…水着・ラッシュガードの洗い方
■三井製糖…お砂糖の保管・保存方法
■DUNLOP…タイヤの慣らし走行について
■ブリヂストン…新品タイヤのならし走行
■Gulf…よくある質問
■花キューピット…花を育てるテクニック／切り花篇
■東京電力エナジーパートナー…現在のご契約アンペアの確認方法
■マイ大阪ガス…エコわざ相談室
■三菱電機…エアコン暖房、効率良く使うには風向がカギ⁉
■ソニー…今すぐはじめる節電対策
■シャープ…家電製品の上手な節電のポイント
■パナソニック…テレビの待機電力は？／アイロンの温度と絵表示・衣類・布地の関係
■株式会社新電力…節電コラム
■ニチレイ…ほほみえごはん
■ダスキン…そのお悩み、解決します！ダスキンのおそうじアドバイス
■ダイキン…エアコンと節電情報
■ビックカメラ…ドライヤーのおすすめランキング19選！

■旭化成…保存テクニック
■MY COFFEE STYLE…鮮度を保つコーヒー豆の保存方法
■ニットーリレー…ぬか床質問集
■アロンアルファ…困ったときのQ&A
■ロイヤルホームセンター…住まいのメンテナンスお役立ちコラム
■ラディッシュポケット…【保存版】長持ちするお餅の保存方法は冷凍保存?水餅保存?
■東横INN…金券キャンペーン
■平安伸銅…つっぱり棒の専門サイト
■HANWAY…傘のたたみ方～長傘編
■ナノセラフライパン…正しい調理温度と使い方
■スズキネ…公式BLOG 布製品について
■美鈴…はさみの雑学
■花火なんでも情報局…線香花火をもっと綺麗に楽しむ
■マイベストプロ…パソコンの電源コードは「つないだまま」でいいのか
■ドスパラ…デスクトップパソコン
■マイナビウーマン…インクが出ないボールペンを復活させる裏技4つ
■All About…光熱費の節約/節約家計簿/食費の節約/マーケティング事例/一人暮らしの冷凍保存術
■ウェザーニュース…季節で変わる食器洗いのガス代
■エネチェンジ…でんきの基本
■タイナビSwitch…電気料金
■Peachy…クレジットカード
■サンキュ!…「エアコン」が安く買える時期はいつ?買いどきを家電の専門家が解説
■快眠タイムズ…羽毛布団の日々のお手入れ方法
■ライブドアニュース…ジャガイモは皮付きのまま水からゆでて
■科学のつまみ食い…蟻がチョークの線を通らない理由?

本文デザイン／青木佐和子
イラスト／にわゆり
編集協力／編集工房リテラ（田中浩之）

青春新書
PLAYBOOKS

人生を自由自在に活動《プレイ》する

人生の活動源として

いま要求される新しい気運は、最も現実的な生々しい時代に吐息する大衆の活力と活動源である。

文明はすべてを合理化し、自主的精神はますます衰退に瀕し、自由は奪われようとしている今日、プレイブックスに課せられた役割と必要は広く新鮮な願いとなろう。

いわゆる知識人にもとめる書物は数多く窺うまでもない。

本刊行は、在来の観念類型を打破し、謂わば現代生活の機能に即する潤滑油として、逞しい生命を吹込もうとするものである。

われわれの現状は、埃りと騒音に紛れ、雑踏に苛まれ、あくせく追われる仕事に、日々の不安は健全な精神生活を妨げる圧迫感となり、まさに現実はストレス症状を呈している。

プレイブックスは、それらすべてのうっ積を吹きとばし、自由闊達な活動力を培養し、勇気と自信を生みだす最も楽しいシリーズたらんことを、われわれは鋭意貫かんとするものである。

—創始者のことば—　小澤和一

編者紹介

ホームライフ取材班

「暮らしをもっと楽しく！ もっと便利に！」をモットーに、日々取材を重ねているエキスパート集団。取材の対象は、料理、そうじ、片づけ、防犯など多岐にわたる。その取材力、情報網の広さには定評があり、インターネットではわからない、独自に集めたテクニックや話題を発信し続けている。

こんなに損《そん》してる！
もっったいない112の習慣《しゅうかん》
青春新書 PLAYBOOKS

2020年4月25日　第1刷

編　者　ホームライフ取材班《しゅざいはん》

発行者　小澤源太郎

責任編集　株式会社プライム涌光
電話　編集部　03(3203)2850

発行所　東京都新宿区若松町12番1号 〒162-0056　株式会社青春出版社
電話　営業部　03(3207)1916　振替番号　00190-7-98602

印刷・図書印刷　製本・フォーネット社

ISBN978-4-413-21161-1